SIX PROMENADES DANS LES BOIS DU ROMAN ET D'AILLEURS

DU MÊME AUTEUR

L'ŒUVRE OUVERTE, Seuil, 1965.

LA STRUCTURE ABSENTE, Mercure de France, 1972.

LE NOM DE LA ROSE, traduit de l'italien par Jean-Noël Schifano, Grasset, 1982. Prix Médicis étranger.

LE NOM DE LA ROSE, édition augmentée d'une *Apostille* traduite de l'italien par Myriem Bouzaher, Grasset, 1985.

LA GUERRE DU FAUX, traduit de l'italien par Myriam Tanant avec la collaboration de Piero Caracciolo, Grasset, 1985.

LECTOR IN FABULA, traduit de l'italien par Myriem Bouzaher, Grasset, 1985.

PASTICHES ET POSTICHES, traduit de l'italien par Bernard Guyader, Messidor, 1988.

SÉMIOTIQUE ET PHILOSOPHIE DU LANGAGE, traduit de l'italien par Myriem Bouzaher, PUF, 1988.

LE SIGNE : HISTOIRE ET ANALYSE D'UN CONCEPT, adapté de l'italien par J-M. Klinkenberg, Labor, 1988.

LE PENDULE DE FOUCAULT, roman, traduit de l'italien par Jean-Noël Schifano, 1990.

LES LIMITES DE L'INTERPRÉTATION, traduit de l'italien par Myriem Bouzaher, Grasset, 1992.

DE SUPERMAN AU SURHOMME, traduit de l'italien par Myriem Bouzaher, Grasset, 1993.

LA RECHERCHE DE LA LANGUE PARFAITE DANS LA CULTURE EUROPÉENNE, traduit de l'italien par Jean-Paul Manganaro. Préface de Jacques Le Goff, Le Seuil, 1994.

UMBERTO ECO

SIX PROMENADES DANS LES BOIS DU ROMAN ET D'AILLEURS

Traduit de l'italien
par
MYRIEM BOUZAHER

BERNARD GRASSET
PARIS

L'édition originale de cet ouvrage a été publiée en 1994
par Harvard University Press, Cambridge, Massachusetts, sous le titre :

SIX WALKS IN THE FICTIONAL WOODS

1

Entrer dans le bois

Comment pourrais-je commencer sans évoquer la mémoire d'Italo Calvino ? Il y a huit ans, il devait tenir en cette même chaire ses six *Norton Lectures*, mais il n'eut le temps d'en écrire que cinq et nous quitta avant d'avoir pu effectuer son séjour à Harvard. Si j'ouvre ces conférences en sa compagnie, ce n'est pas uniquement par amitié : mes leçons traiteront en grande partie de la situation du lecteur dans les textes narratifs, et Calvino consacra à la présence du lecteur dans la narration l'un de ses plus beaux livres, *Si par une nuit d'hiver un voyageur.*

A l'époque même où paraissait le texte de Calvino sortait un de mes ouvrages intitulé *Lector in fabula.* Ce titre latin s'inspire de l'expression *lupus in fabula* (« quand on parle du loup... ») que l'on emploie à l'arrivée de la personne dont on parlait. Comme le loup, par définition, apparaît à chaque fable, j'ai repris cette citation pour situer le lecteur dans la fabula — c'est-à-dire dans tout texte narratif. En réalité, nous allons voir tout de suite que parfois « le loup n'y est pas », qu'il peut y avoir un ogre à sa place, tandis que le lecteur, lui, est toujours là, non seulement comme composante de l'acte de raconter, mais aussi comme composante des histoires elles-mêmes.

En confrontant aujourd'hui *Lector in fabula* avec *Si par une nuit d'hiver...*, il semblerait que le premier soit un commentaire théorique du second. Or nos livres sont sortis presque simultanément et aucun de nous deux, bien que passionnés par le même problème, ne savait ce que l'autre préparait. Lorsque Italo m'envoya son bouquin, il avait sans doute reçu le mien car sa dédicace disait : « A Umberto, superior stabat lector, longeque inferior Italo Calvino. » La citation s'inspirait évidemment de la fable du loup et de l'agneau de Phèdre (« Superior stabat lupus, longeque inferior agnus »), et Calvino se référait à mon *Lector in fabula*. Ce « longeque inferior », très ambigu, peut signifier « en aval » ou « de moindre importance ». Si l'on entend « Lector » en référence à mon livre, il faut penser soit à un acte de modestie ironique soit au choix (orgueilleux) de s'approprier le rôle de l'agneau, en abandonnant au théoricien celui du Grand Méchant Loup. Mais si l'on entend « Lector » au sens premier, il s'agit alors d'une affirmation de poétique, et Calvino rendait hommage au lecteur. Pour rendre hommage à Calvino, je prendrai comme point de départ les *Leçons américaines* qu'il écrivit pour les Norton Lectures, et en particulier la deuxième, consacrée à la rapidité, où il se réfère à l'une des *Fables italiennes* qu'il avait réunies en un volume :

> Un roi tomba malade. Vinrent les médecins, qui lui dirent : « Voyez-vous, Majesté, si vous voulez guérir, il vous faut une plume d'Ogre. Ce remède-là est difficile, car l'Ogre dévore tous les chrétiens qu'il aperçoit. »
>
> Le roi informa tous ses sujets, mais aucun ne voulait y aller.

> Il en pria un de ses commis, aussi fidèle que courageux, et le commis répondit : « J'irai. »
> On lui enseigna le chemin : « Au sommet d'une montagne se trouvent sept cavernes : dans l'une des sept se trouve l'Ogre [...] *Fiabe italiane*, 57[1]. »

Calvino note que « le texte ne dit pas de quelle maladie souffre le roi, ni comment il se fait qu'un ogre ait des plumes, ni à quoi ressemblent les cavernes ». Et il saisit l'occasion de ces observations pour faire l'éloge de la rapidité même s'il rappelle en passant que « cette apologie de la rapidité se garde bien de nier les plaisirs de la temporisation[2] ». Ma troisième conférence sera consacrée à cette temporisation que Calvino n'a pas traitée. Pour l'instant, disons que toute fiction narrative est nécessairement, fatalement rapide, car — lorsqu'elle construit un monde, avec ses événements et ses personnages — il lui est impossible de tout dire de ce monde. Elle mentionne, et pour le reste, elle demande au lecteur de collaborer en comblant une série d'espaces vides. Du reste, ainsi que je l'ai déjà écrit, tout texte est une machine paresseuse qui prie le lecteur d'accomplir une partie de son propre travail. Gare si un texte disait tout ce que son destinataire doit comprendre : il n'en finirait plus. Si je vous téléphone en vous annonçant « je prends l'autoroute, j'arrive dans une heure », il est implicite que, en même temps que l'autoroute, je prends ma voiture.

---

1. *Lezioni americane. Sei proposte per il prossimo millennio,* Milan, Garzanti, 1988 ; traduit de l'italien par Yves Hersant, *Leçons américaines. Aide-mémoire pour le prochain millénaire,* Paris, Gallimard, 1989 p. 68.
2. *Ibid.*, p. 81.

Dans *Agosto, moglie mia non ti conosco,* du grand humoriste Achille Campanile, on trouve le dialogue suivant :

> Gédéon fit de grands gestes d'appel en direction d'un fiacre qui stationnait au fond de la rue. Le vieux cocher descendit de son siège à grand-peine et se hâta, à pied, vers nos amis, en disant : « En quoi puis-je vous servir ?
>
> — Mais non, s'écria Gédéon impatienté, c'est le fiacre que je veux !
>
> — Oh, fit le cocher, déçu, je croyais que c'était moi que vous vouliez. »
>
> Il revint en arrière, remonta sur son siège et demanda à Gédéon qui avait pris place dans la voiture avec André : « Où allons-nous ? — Je ne peux vous le dire », s'exclama Gédéon qui désirait garder le secret sur son expédition. Le cocher, qui n'était point curieux, n'insista pas. Pendant quelques minutes, ils restèrent tous trois à regarder le panorama, sans bouger.
>
> A la fin, Gédéon laissa échapper un : « Au château de Fiorenzina ! » qui fit tressaillir le cheval et amena le cocher à dire : « A cette heure ? On va y arriver de nuit.
>
> — C'est vrai, murmura Gédéon, nous partirons demain matin. Viens nous prendre à sept heures précises.
>
> — Avec le fiacre ? » demanda le cocher.
>
> Gédéon réfléchit quelques instants. Il finit par dire : « Oui, ce sera mieux. »
>
> Tandis qu'il se dirigeait vers la pension, il se tourna de nouveau vers le cocher et lui cria : « Eh ! N'oublie pas ; viens aussi avec le cheval !
>
> — Ah, oui ? fit l'autre, surpris. Après tout, c'est comme vous voulez[1]. »

Le passage semble absurde, au début parce que les protagonistes en disent moins que ce qu'ils devraient

1. *Opere*, Milan, 1989, p. 830.

dire, et à la fin parce qu'ils éprouvent le besoin de dire (et de s'entendre dire) ce qu'il n'était pas nécessaire que le texte dise.

Il arrive qu'un écrivain, pour en dire trop, devienne plus comique que ses personnages. Fort populaire dans l'Italie du XIXe siècle, Carolina Invernizio a fait rêver des générations entières de prolétaires avec des histoires qui s'intitulaient *le Baiser d'une morte, la Vengeance d'une folle* ou *le Cadavre accusateur*. Elle écrivait très mal et quelqu'un a observé qu'elle avait eu le courage — ou la faiblesse — d'introduire dans la littérature le langage de la petite bureaucratie du jeune État italien (auquel appartenait son mari, directeur d'une boulangerie militaire). Voici comment Carolina commence son roman *l'Hôtel du crime* :

> Le soir était splendide, bien que très froid. La lune, haute dans le ciel, illuminait les rues de Turin comme en plein jour. L'horloge de la gare indiquait sept heures. Sous les vastes marquises, on entendait un bruit assourdissant parce que deux trains express se croisaient : l'un au départ, l'autre à l'arrivée [1].

Ne soyons pas trop sévères avec madame Invernizio. Elle devinait obscurément que la rapidité est une grande vertu narrative, mais elle n'aurait pu commencer, comme Kafka, par « En se réveillant un matin après des rêves agités, Gregor Samsa se retrouva, dans son lit, métamorphosé en un monstrueux insecte [2] ».

---

1. *Op. cit.*, Turin, Quartara, 1954, p. 5.
2. *La Métamorphose,* traduit de l'allemand par Bernard Lortholary, Paris, G.F., 1988, p. 23.

Ses lecteurs lui auraient aussitôt demandé pourquoi et comment Gregor Samsa était devenu un insecte, et ce qu'il avait mangé la veille. Par ailleurs, Alfred Kazin raconte qu'un jour Einstein, à qui Thomas Mann avait prêté un roman de Kafka, le lui avait rendu en disant : « Je n'ai pas réussi à le lire : le cerveau humain n'est pas complexe à ce point[1] ! »

A part Einstein — qui déplorait peut-être une certaine lenteur du récit (mais nous ferons l'éloge de la temporisation) —, le lecteur ne sait pas toujours comment collaborer avec la rapidité du texte. Dans *Reading and Understanding,* Roger Schank nous raconte une autre histoire :

> Jean aimait Marie mais elle ne voulait pas l'épouser. Un jour, un dragon enleva Marie au château. Jean bondit sur son cheval, et tua le dragon. Marie consentit à l'épouser. Ils vécurent heureux et eurent beaucoup d'enfants.

Schank — qui étudie ici ce que les enfants comprennent quand ils lisent — a interrogé une fillette de trois ans à propos de cette histoire :

> — Pourquoi Jean a-t-il tué le dragon ?
> — Parce qu'il était méchant.
> — En quoi était-il méchant ?
> — Il l'avait blessé.
> — Comment l'avait-il blessé ?
> — Peut-être en lui crachant son feu.
> — Pourquoi Marie accepte-t-elle d'épouser Jean ?
> — Parce que elle, elle l'aimait très fort et que lui, il voulait très fort l'épouser.

1. Alfred Kazin, *On Native Grounds,* New York, Harcourt Brace, 1982, p. 445.

— Comment se fait-il que Marie se décide à épouser Jean alors qu'au début elle ne voulait pas ?

— Ça, c'est une question difficile.

— Oui, mais à ton avis, c'est quoi la réponse ?

— Parce qu'au début elle le voulait vraiment pas et puis lui il discute beaucoup, il arrête pas de lui parler de l'épouser, alors elle se met à avoir envie de l'épouser elle, heu ! lui, je veux dire[1].

Évidemment, dans la connaissance du monde de cette petite fille, il y avait le fait que les dragons crachent du feu par les naseaux mais pas que l'on peut céder à un amour non partagé uniquement par gratitude ou admiration. Une histoire est plus ou moins rapide, c'est-à-dire plus ou moins elliptique, mais son ellipticité doit être évaluée en fonction du lecteur auquel on s'adresse.

Puisque j'en suis à justifier tous les titres que j'ai eu la satanée idée de choisir, permettez-moi d'évoquer celui que j'ai donné à mes *Norton Lectures*. Le bois est une métaphore du texte narratif, et pas seulement des fables, mais de tout texte narratif. Il existe des bois comme Dublin où, au lieu de rencontrer le Petit Chaperon Rouge, on tombe sur Molly Bloom, ou bien tels que Casablanca où l'on croise Ilsa Lund et Rick Blaine.

Pour reprendre une métaphore de Borges (autre invité des *Norton Lectures* dont l'esprit planera sur toutes mes conférences), un bois est un jardin dont les sentiers bifurquent. Et même si un bois n'est pas quadrillé de sentiers, chacun a le loisir de tracer son propre itinéraire en prenant à droite ou à gauche d'un

---

1. Roger Schank, *Reading and Understanding*, Hillsdale, N.J., Lawrence Erlbaum, 1982, p. 21.

arbre donné, à chaque arbre rencontré. Dans un texte narratif, le lecteur doit à chaque instant accomplir un choix. J'irai plus loin : cette obligation se manifeste au niveau de n'importe quel énoncé, du moins à chaque occurrence d'un verbe transitif. Au moment où le locuteur va finir sa phrase, on fait — inconsciemment — un pari, on anticipe son choix ou bien on se demande avec angoisse quel choix il va faire (dans le cas d'énoncés dramatiques du genre « hier soir, au cimetière, j'ai vu... »).

Parfois, le narrateur entend nous laisser libres d'anticiper sur la suite de l'histoire. Prenons par exemple la fin des *Aventures de Gordon Pym* de Poe :

> Mais voilà qu'en travers de notre route se dressa une figure humaine voilée, de proportions beaucoup plus vastes que celles d'aucun habitant de la terre. Et la couleur de la peau de l'homme était la blancheur parfaite de la neige [1]...

Ici — quand la voix du narrateur a fait silence — l'auteur veut que nous passions notre vie à nous demander ce qui est arrivé, et, de peur que nous ne brûlions pas encore du désir de savoir ce qui sera à jamais tu, l'auteur — ainsi que la voix du narrateur — ajoute *post finem* une note nous avertissant que, après la disparition de Monsieur Pym, « il est à craindre que les chapitres restants qui devaient compléter sa relation [...] ne soient irrévocablement perdus par suite de la catastrophe dans laquelle il a péri lui-même [2] ». Nous ne sortirons plus jamais de ce bois, pas plus que n'en sont sortis Jules Verne, Charles Romyn Dake ou

---

1. *Aventures d'Arthur Gordon Pym,* traduit de l'anglais par Charles Baudelaire, Paris, Éditions Rombaldi, 1973, p. 296.
2. *Ibid.*, p. 297.

H.P. Lovecraft, qui ont décidé d'y rester pour continuer l'histoire de Gordon Pym.

Mais il est des cas où le narrateur entend nous prouver que nous ne sommes pas Stanley mais Livingstone, condamnés à nous égarer dans les bois en faisant toujours le mauvais choix. Prenons par exemple Laurence Sterne et le tout début de son *Tristram Shandy* :

> A mon sens, lorsque mes parents m'engendrèrent, l'un et l'autre aurait dû prendre garde à ce qu'il faisait : et pourquoi pas tous deux puisque c'était leur commun devoir ?

Que firent donc les époux Shandy en ce délicat moment ? Pour laisser au lecteur le temps d'émettre quelques prévisions raisonnables (jusqu'aux plus inconvenantes), Sterne digresse pendant tout un paragraphe (où l'on voit que Calvino avait raison de ne pas mépriser l'art de la temporisation) avant de nous révéler l'erreur de cette scène primitive :

> — *Pardon mon ami,* dit ma mère, *n'avez-vous pas oublié de remonter la pendule ?*
>
> — *Grand Dieu !* s'exclama mon père, non sans un effort pour étouffer sa voix, *depuis la création du monde, une femme a-t-elle jamais interrompu un homme par une question si sotte*[1] ?

Vous voyez, le père pense de la mère exactement ce que le lecteur pense de Sterne. Si méchant soit-

1. *Vie et opinions de Tristram Shandy, gentilhomme,* traduit de l'anglais par Charles Mauron. Paris, Robert Laffont, 1946 ; Flammarion, 1982.

il, un auteur a-t-il jamais frustré à ce point les prévisions de ses lecteurs ?

Bien sûr, à la suite de Sterne, la narrativité d'avant-garde a souvent cherché à dérouter nos attentes de lecteur, voire à créer un lecteur attendant de son livre une totale liberté de choix. Mais justement, cette liberté nous est donnée parce que, en vertu d'une tradition millénaire — des mythes primitifs au polar moderne —, le lecteur se dispose en général à faire ses propres choix dans le bois narratif en présumant que certains sont plus raisonnables que d'autres.

J'ai dit raisonnables, comme s'il s'agissait de choix inspirés par le bon sens. Il serait toutefois banal de présumer qu'il faut s'en remettre au sens commun pour lire un livre de fiction. Ce n'est certes pas ce que nous demandaient Sterne ou Poe ni même l'auteur — s'il y en a eu un à l'origine — du *Petit Chaperon Rouge.* En effet, le bon sens nous imposerait de réagir à l'idée d'un loup parlant. Alors, que signifie dire que le lecteur doit faire des choix raisonnables dans le bois narratif ?

Il me paraît nécessaire de reprendre ici deux concepts dont j'ai déjà débattu dans mes livres précédents : le couple Lecteur Modèle et Auteur Modèle [1].

Le Lecteur Modèle d'une histoire n'est pas le Lecteur Empirique. Le lecteur empirique, c'est tout le monde, nous tous, vous et moi, quand nous lisons un texte. Il peut lire de mille manières, aucune loi ne lui impose une façon de lire, et souvent, il utilise le

1. Cf. *Lector in fabula,* Milan, Bompiani, 1979 ; traduit de l'italien par Myriem Bouzaher, *Lector in fabula,* Paris, Grasset, 1985.

texte comme réceptacle de ses propres passions, qui proviennent de l'extérieur du texte ou que le texte suscite fortuitement en lui.

Il vous est sans doute arrivé de voir un film comique en un moment de profonde tristesse, et vous savez combien il est difficile de se divertir en ce cas-là ; mieux : vous pourriez revoir le même film des années après, sans réussir à sourire car chaque image vous rappellerait la tristesse de la première expérience. En tant que lecteur empirique, vous seriez bien sûr en train de « lire » le film d'une façon erronée. Mais erronée par rapport à quoi ? Par rapport au type de spectateur auquel le metteur en scène avait pensé, un spectateur disposé à sourire et à suivre une histoire ne l'impliquant pas directement. Ce type de spectateur (ou de lecteur), je l'appelle le Lecteur Modèle — un lecteur-type que le texte prévoit comme collaborateur, et qu'il essaie de créer. Si un texte commence par « Il était une fois », il lance un signal qui sélectionne immédiatement son propre lecteur modèle, qui devrait être un enfant, ou une personne disposée à accepter une histoire qui dépasse le sens commun.

Après la publication du *Pendule de Foucault,* un ami d'enfance perdu de vue depuis des années m'écrivit : « Cher Umberto, je ne me rappelais pas t'avoir raconté la pathétique histoire de mon oncle et de ma tante, mais je trouve incorrect que tu l'aies utilisée pour ton roman. » Le livre contait en effet certaines péripéties d'un oncle Carlo et d'une tante Caterina, parents du protagoniste Jacopo Belbo. Ces personnages ont réellement existé : avec des variantes, j'avais repris une histoire de mon enfance, concernant un de mes oncles et une de mes tantes, présentés sous un autre nom. J'ai répondu à cet ami que l'oncle

Carlo et la tante Caterina étaient les miens, que je possédais donc un *copyright* sur eux, qu'ils n'avaient rien à voir avec les siens et que j'ignorais même qu'il en ait eu. Mon ami s'est excusé : il s'était tellement identifié à l'histoire qu'il avait cru reconnaître des événements advenus à son oncle et sa tante — ce qui n'est pas impossible car en temps de guerre (l'époque de mes souvenirs) des tas d'oncles et de tantes ont dû vivre des choses analogues.

Qu'est-il arrivé à mon ami ? Il a cherché dans le bois ce qui se trouvait dans sa mémoire personnelle. Si je me promène au bois, je suis légitimé à utiliser chaque expérience, chaque découverte pour en tirer des enseignements sur la vie, sur le passé et sur le futur. Mais comme le bois a été construit pour tout le monde, je ne dois pas y chercher des faits et des sentiments ne regardant que moi. Sinon, ainsi que je l'ai écrit dans deux ouvrages récents, *les Limites de l'interprétation* et *Interpretation and Overinterpretation*[1], je ne suis pas en train d'*interpréter* un texte mais de l'*utiliser*. Il n'est pas interdit d'utiliser un texte pour rêver les yeux ouverts — nous le faisons tous de temps en temps. Mais rêver les yeux ouverts n'est pas une activité publique. Cela nous amène à évoluer dans le bois narratif comme si c'était notre propre jardin privé.

Il existe donc des règles du jeu, et le lecteur modèle est celui qui sait les respecter. Mon ami les avait oubliées un instant, plaquant ses propres attentes de

1. *I limiti dell'interpretazione,* Milan, Bompiani, 1990 ; traduit de l'italien par Myriem Bouzaher, *les Limites de l'interprétation,* Paris, Grasset, 1992 ; *Interpretation and Overinterpretation,* Cambridge, Cambridge U.P., 1992 ; *Interprétation* et *surinterprétation*, traduit de l'anglais par Jean-Pierre Cometti, Paris, PUF, 1996.

lecteur empirique sur les attentes que l'auteur espérait du lecteur modèle.

Bien entendu, pour donner des instructions à son lecteur modèle, l'auteur dispose de signaux de genre particuliers. Mais ceux-ci sont souvent très ambigus. *Pinocchio* commence ainsi :

> Il était une fois... Un Roi ! diront aussitôt mes petits lecteurs. Eh bien non, mes enfants, vous vous êtes trompés. Il était une fois un bout de bois.

Voilà un début fort complexe. Au départ, Collodi semble avertir qu'il entame une fable. Dès que les lecteurs sont convaincus qu'il s'agit d'une histoire pour enfants, les enfants entrent en scène comme interlocuteurs de l'auteur, et, en raisonnant en habitués des fables, ils font une prévision erronée. L'histoire n'est donc pas dédiée aux enfants ? Mais Collodi, pour corriger cette prévision erronée, s'adresse justement aux enfants, c'est-à-dire à ses petits lecteurs. Si bien que les enfants pourront continuer à lire la fable comme si elle s'adressait à eux, en assumant simplement que ce n'est pas la fable d'un roi mais d'une marionnette. Et à la fin, ils ne seront pas déçus. Pourtant, ce début est un clin d'œil aux lecteurs adultes. Est-il possible que la fable s'adresse aussi à eux ? Qu'ils aient à la lire de manière différente, mais que, pour en comprendre les significations allégoriques, ils doivent feindre d'être des enfants ? Un tel incipit a déchaîné maintes lectures psychanalytiques, anthropologiques ou satiriques de *Pinocchio,* et pas toutes invraisemblables. Collodi voulait sans doute jouer un double jeu, et c'est sur cette hypothèse que se fonde une bonne part du charme de ce grand petit livre.

Qui impose ces règles du jeu et ces contraintes ? Autrement dit, qui construit le lecteur modèle ? L'Auteur ! diront aussitôt mes petits lecteurs.

Mais après avoir pris la peine d'établir une distinction entre lecteur empirique et lecteur modèle, allons-nous imaginer l'auteur comme un personnage empirique qui écrit son histoire et décide — pour des raisons sans doute inavouables connues de son seul psychanalyste — du genre de lecteur modèle qu'il convient de construire ? Je vous annonce tout de go que je me fiche éperdument de l'auteur empirique d'un texte narratif (et de tout texte possible). J'ai conscience de proférer une chose qui va offenser nombre de mes auditeurs, lesquels passent peut-être leur temps à lire des biographies de Jane Austen ou de Proust, de Dostoïevski ou de Salinger, et je comprends qu'il soit beau et passionnant de pénétrer la vie privée de personnes vraies que nous avons l'impression d'aimer comme des amis intimes. Je n'oublie pas que, jeune universitaire impatient, je fus réconforté de savoir que Kant n'avait créé son chef-d'œuvre philosophique qu'à l'âge vénérable de cinquante-sept ans — tout comme je fus en proie à une jalousie irrépressible en apprenant que Radiguet avait écrit *le Diable au corps* à vingt ans.

Toutefois, cela ne nous dit pas si Kant a eu raison d'augmenter de dix à douze le nombre des catégories, ni si *le Diable au corps* est un chef-d'œuvre (il le serait même si Radiguet l'avait écrit à cinquante-sept ans). L'éventuel hermaphrodisme de la Joconde constitue un sujet intéressant pour un débat esthétique, mais les mœurs sexuelles de Léonard de Vinci restent, en ce qui concerne ma lecture de son tableau, du domaine du pur commérage.

Au cours de ces conférences, je me référerai

souvent à l'un des livres les plus beaux qui aient jamais été écrits, *Sylvie* de Gérard de Nerval. Je l'ai lu à vingt ans, et je n'ai cessé depuis de le relire. Dans ma jeunesse, je lui ai consacré un méchant essai et, à partir de 1976, un cycle de séminaires à l'Université de Bologne — avec, pour résultat, trois mémoires de maîtrise et en 1982 un numéro spécial de la revue *VS*[1]. En 1984, il fut le thème d'un *Graduate course* à la Columbia University, dont sont sortis de très intéressants *term papers*. J'en connais désormais la moindre virgule, tous les mécanismes secrets. Cette expérience de relecture, ma compagne depuis quarante ans, m'a prouvé la sottise de ceux qui prétendent que, à trop vouloir disséquer un texte, à trop forcer sur le *close reading,* on en tue la magie. Chaque fois que je reprends *Sylvie,* bien que connaissant à fond son anatomie, et peut-être justement à cause de cela, j'en tombe amoureux comme si je le lisais pour la première fois.

Sylvie commence ainsi :

> Je sortais d'un théâtre où tous les soirs je paraissais aux avant-scènes en grande tenue de soupirant[2].

La langue anglaise n'a pas d'imparfait, et pour rendre l'imparfait français, elle peut opter pour diverses solutions (ainsi, une édition de 1887 traduit « I quitted a theater where I used to appear every

---

1. Umberto Eco, « Il tempo di Sylvie », *Poesia e critica* 2, 1962, pp. 51-65. *Sur Sylvie,* numéro monographique de *VS 31/32,* Patrizia Violi éd.

2. *Sylvie. Souvenirs du Valois* (première édition dans *la Revue des Deux Mondes,* 15 juillet 1853 ; seconde édition revue dans *les Filles du feu,* Paris, Giraud, 1854).

night in the proscenium... » et une autre plus moderne propose « I came out of a theater where I appeared every night... »). L'imparfait est un temps très intéressant car il est duratif et itératif. Duratif, il nous informe que quelque chose se produisait dans le passé, à un moment imprécis, sans que l'on connaisse ni le début ni la fin de l'action. Itératif, il nous autorise à penser que cette action se répétait souvent. Cela dit, on ne sait jamais vraiment quand il est duratif, itératif ou les deux à la fois. Au début de *Sylvie*, par exemple, le premier imparfait, « je sortais », est duratif, car sortir d'un théâtre est une action comportant un parcours. Mais le second, « je paraissais », outre que duratif, est aussi itératif. Certes, le texte spécifie que le personnage se rendait tous les soirs à ce théâtre, mais même sans cette précision, l'emploi de l'imparfait suggérerait qu'il le faisait de façon répétée. En raison de cette ambiguïté temporelle, l'imparfait est le temps du récit des rêves, ou des cauchemars. Et celui des fables. « Once upon a time » en français se dit « Il était une fois » : « une fois » traduit « once », mais c'est l'imparfait « Il était » qui suggère un temps imprécis, voire cyclique, rendu en anglais par « upon a time ».

L'anglais exprime l'itérativité du « je paraissais » français soit en se contentant de l'indication textuelle « every evening » soit en soulignant l'itérativité à travers « I used to ». Il ne s'agit pas d'une incidence minime, car une grande partie du charme de *Sylvie* se fonde sur l'alternance calculée d'imparfaits et de passés simples, l'emploi intensif de l'imparfait conférant à toute l'histoire un ton onirique, comme si l'on regardait quelque chose les yeux mi-clos. Le lecteur modèle auquel pense Nerval n'était pas anglophone, parce que la langue anglaise était trop précise pour ses objectifs.

Je reviendrai aux imparfaits de Nerval lors de ma prochaine conférence. Pour l'heure, nous allons voir la grande importance de ce problème quant au débat sur l'Auteur et sa Voix. Considérons ce « Je » par lequel commence l'histoire. Les livres écrits à la première personne induisent le lecteur naïf à penser que celui qui dit « je » est l'auteur. Bien sûr que non. C'est le Narrateur, ou la Voix-qui-narre, et P.G. Wodehouse nous prouve que cette voix-là n'est pas nécessairement l'auteur, lui qui a écrit à la première personne les mémoires d'un chien.

Dans *Sylvie*, nous sommes confrontés à trois entités. La première est un homme, né en 1808 et mort (par suicide) en 1855, qui, d'ailleurs, ne s'appelait pas Gérard de Nerval mais Gérard Labrunie. Des tas de gens, le Guide Michelin de Paris en main, partent encore à la recherche de la rue de la Vieille Lanterne, où il s'est pendu ; certains d'entre eux n'ont jamais compris la beauté de *Sylvie*.

La deuxième entité est le « je » du récit. Ce personnage n'est pas Gérard Labrunie. Nous savons de lui ce que nous en dit l'histoire, et à la fin, il ne se tue pas. Plus mélancoliquement, il réfléchit : « Les illusions tombent l'une après l'autre, comme les écorces d'un fruit, et le fruit, c'est l'expérience. »

Avec mes étudiants, nous avions décidé de l'appeler « Je-rard », alias le Narrateur. « Je-rard » n'est pas Monsieur Labrunie, pour les mêmes raisons qui font que celui qui au début des *Voyages de Gulliver* affirme que son père, un modeste propriétaire du Nottinghamshire, l'avait envoyé à quatorze ans à l'Emmanuel College de Cambridge, n'est pas Jonathan Swift, lequel a étudié au Trinity College de

Dublin. Le lecteur modèle de *Sylvie* est invité à s'émouvoir des illusions perdues de « Je-rard », pas de celles de Monsieur Labrunie.

Enfin, la troisième entité, en général difficile à cerner, est celle que j'appelle, par symétrie avec le lecteur modèle, l'Auteur Modèle. Labrunie aurait pu être plagiaire, *Sylvie* aurait pu être écrit par le grand-père de Fernando Pessoa, il n'empêche que l'auteur modèle de *Sylvie* est cette « voix » anonyme qui commence le récit par « Je sortais d'un théâtre » et termine en faisant dire à Sylvie « Pauvre Adrienne ! Elle est morte au couvent de Saint-S... vers 1832 ». De lui, nous ne savons rien d'autre, ou plus exactement nous savons tout ce que cette voix nous dit entre le chapitre I et le chapitre XIV de l'histoire intitulé justement « Dernier Feuillet » (à la suite de quoi, il ne reste que le bois, et c'est à nous d'y entrer et de le parcourir). Cette règle du jeu étant admise, on peut même aller jusqu'à donner un nom à cette voix, un *nom de plume*. Si vous le permettez, j'en sais un, très beau : Nerval. Nerval n'est ni Labrunie, ni « Je-rard ». Nerval n'est pas un Il tout comme George Eliot n'est pas une Elle (seule Mary Ann Evans l'était). Nerval serait en allemand un *Es*, en anglais il pourrait être un *It* (malheureusement, les grammaires française et italienne nous obligent à lui assigner un sexe à tout prix).

Nous pourrions affirmer que ce Nerval, qui au début de la lecture n'est pas encore là, sinon sous forme de traces pâles, ne sera, lorsque nous l'aurons identifié, rien d'autre que ce que les théories des arts et de la littérature appellent « style ». Bien entendu, à la fin, l'auteur modèle sera également reconnaissable en tant que style, un style tellement évident, clair, incomparable, que nous comprendrons enfin que c'est la Voix de *Sylvie* qui commence *Aurélia* par « Le rêve est une seconde vie ».

Toutefois, le mot « style » dit trop et trop peu. Il laisse à penser que l'auteur modèle — pour citer Stephen Dedalus — se retire dans sa perfection tel le Dieu de la création, dedans, ou derrière, ou au-delà de son œuvre, occupé à se faire les ongles... Eh bien non. L'auteur modèle est une voix qui nous parle de manière affectueuse (ou impérieuse ou cachée), qui nous veut à ses côtés ; cette voix se manifeste comme stratégie narrative, comme ensemble d'instructions nous étant imparties pas à pas, auxquelles on doit obéir lorsque l'on décide de se comporter en lecteur modèle.

La vaste littérature théorique sur la narrativité, l'esthétique de la réception ou le *reader-oriented criticism*, a produit divers personnages appelés Lecteur Idéal, Lecteur Implicite, Lecteur Virtuel, Métalecteur etc. — chacun impliquant en contrepartie un Auteur Idéal ou Implicite ou Virtuel[1]. Ces termes ne sont pas toujours synonymes.

---

1. Sur ce sujet, je renvoie en particulier, et dans l'ordre chronologique, à : Wayne Booth, *The Rhetoric of Fiction* (Chicago, University of Chicago Press, 1961) ; Roland Barthes, « Introduction à l'analyse structurale des récits » (*Communications* 8, 1966) ; Tzvetan Todorov, « Les catégories du récit littéraire » (*Communications* 8, 1966) ; E.D. Hirsch jr., *Validity in Interpretation* (New Haven, Yale University Press, 1967) ; Michel Foucault, « Qu'est-ce qu'un auteur ? » (*Bulletin de la Société Française de Philosophie*, juillet-septembre 1969) ; Michael Riffaterre, *Essais de Stylistique Structurale* (Paris, Flammarion, 1971) et *Semiotics of Poetry*, (Bloomington, Indiana University Press, 1978) ; Gérard Genette, *Figures* III (Paris, Seuil, 1972) ; Wolfgang Iser, *The Implied Reader* (Baltimore, Johns Hopkins University Press, 1974) ; Maria Corti, *Principi della comunicazione letteraria* (Milan, Bompiani, 1976) ; Seymour

Ainsi, mon lecteur modèle ressemble au Lecteur Implicite de Wolfgang Iser. Toutefois, pour Iser, le lecteur

> fait en sorte que le texte révèle ses multiples connexions potentielles. Celles-ci sont produites par l'esprit qui élabore la matière première du texte, mais elles ne sont pas le texte lui-même — constitué uniquement de phrases, d'affirmations, d'informations, etc.[...] Cette interaction n'a pas lieu dans le texte lui-même, elle se développe grâce au processus de lecture.[...] Ce processus formule quelque chose qui n'était pas formulé dans le texte, et il représente pourtant l'intention de ce texte[1].

Ce processus s'apparente davantage à ce dont je parlais en 1962 dans *l'Œuvre ouverte*. Le lecteur modèle de mon *Lector in fabula* est en revanche un ensemble d'instructions textuelles se manifestant à la surface du texte, sous forme d'affirmations ou d'autres signaux. Comme l'a observé Paola Pugliatti,

> la perspective phénoménologique d'Iser assigne au lecteur un privilège que l'on a considéré comme une prérogative des textes, celui d'établir un « point de vue », déterminant ainsi la signification du texte. Le Lecteur Modèle de Eco (1979) ne figure pas seulement comme celui qui coopère et interagit avec le texte : dans une plus large mesure — et en un certain

---

Chatman, *Story and Discourse* (Ithaca, Cornell University Press, 1978) ; Charles Fillmore, *Ideal Readers and Real Readers* (Mimeo, 1981) ; Paola Pugliatti, *Lo sguardo nel racconto* (Bologne, Zanichelli, 1985) ; Robert Scholes, *Protocols of Reading* (New Haven, Yale University Press, 1989).

1. *The Implied Reader*, Baltimore, The Johns Hopkins U.P., 1974, pp. 278-287.

> sens dans une mesure moindre — il naît avec le texte, il représente le nerf de sa stratégie interprétative. Par conséquent, la compétence des Lecteurs Modèle est déterminée par le type d'*imprint* génétique que le texte leur a transmis [...] Créés avec le texte, prisonniers de lui, ils jouissent d'autant de liberté que le texte leur en accorde [1].

Il est vrai qu'Iser dans *l'Acte de lecture* dit que l'idée d'un lecteur implicite se réfère « à une structure textuelle qui anticipe la présence d'un récepteur », mais il ajoute aussitôt « sans nécessairement le définir ». Iser insiste sur le fait que « le rôle du lecteur ne s'identifie pas avec le lecteur fictif inscrit dans le texte [2] ».

Lors de mes conférences, tout en reconnaissant l'existence de ces autres composantes qu'Iser a si brillamment étudiées, je m'intéresserai surtout à ce « lecteur fictif inscrit dans le texte », en assumant que le principal devoir de l'interprétation est de l'incarner, bien qu'il ait une existence fantomatique. Si vous voulez, je me montre plus « allemand » qu'Iser, plus abstrait, ou — comme diraient les philosophes non continentaux — plus spéculatif.

En ce sens, je parlerai de lecteur modèle pour des textes ouverts à de multiples points de vue, mais aussi pour ceux qui prévoient un lecteur têtu et obéissant ; autrement dit, le lecteur modèle n'est pas l'apanage de *Finnegans Wake*, il vaut égale-

---

1. « Reader's stories revisited », in *Il lettore : modelli, processi ed effetti dell'interpretazione*, numéro monographique de *VS 52/53*, 1989, pp. 5-6.

2. Je me réfère à la version américaine, *The Act of Reading*, Baltimore, The Johns Hopkins U.P., 1978, pp. 34-36.

ment pour le *Chaix*, le texte attendant de chacun d'eux un type différent de coopération.

Certes, les instructions que Joyce donne à un « lecteur idéal atteint d'une insomnie idéale » sont sans doute plus excitantes mais on ne doit pas négliger l'ensemble des instructions de lecture qu'offre un horaire de chemins de fer.

En ce sens, mon auteur modèle non plus n'est pas forcément une voix glorieuse, une sublime stratégie : l'auteur modèle agit et se révèle jusque dans le plus immonde des romans pornos, indifférent aux raisons de l'art, pour nous dire que ses descriptions doivent stimuler notre imagination et nos réactions physiques. Et si vous voulez un exemple d'auteur modèle impudique qui se dévoile sans ambages au lecteur, dès la première page, en lui prescrivant les émotions qu'il devra éprouver, au cas où le livre échouerait à les lui communiquer, voici le début de *Pas de temps à perdre* de Mickey Spillane :

> Quand vous êtes chez vous, peinard au coin d'un bon feu, douillettement vautré dans la bergère qui vient de grand-maman, vous demandez-vous, parfois, ce qui se passe au-dehors ? Sûrement pas. Vous ouvrez un bouquin, et vous oubliez qui vous êtes, et vous vivez, sans bouger de votre place, les aventures imaginaires de types qui n'ont jamais existé.[...] Paraît que les Romains s'excitaient comme ça, quand ils s'asseyaient sur les gradins du Colisée pour regarder les bêtes féroces étriper une brochette d'esclaves. Ils s'étranglaient de joie et ils se flanquaient de grandes claques dans le dos lorsque les griffes déchiraient la chair des victimes.[...] Oh ! c'est épatant de pouvoir se rincer l'œil sans risquer une égratignure. D'accord. Mais les jours succèdent aux jours et jamais rien de tout ça ne vous arrive, et vous vous dites que ça n'existe pas, sinon dans les livres, et vous dormez sur vos deux oreilles. Mais ne vous y fiez pas trop : il se passe des choses, à

> l'extérieur, pendant que vous lisez dans votre fauteuil.[...] Il n'y a plus de Colisée, aujourd'hui, mais la ville est plus vaste et contient plus de gens que l'arène. On n'y rencontre pas de bêtes féroces, mais les griffes de l'homme peuvent être aussi coupantes et sont deux fois plus meurtrières. Il faut être du bâtiment, et tout le contraire d'un empoté, si l'on veut rejoindre son fauteuil et le coin de son feu.[...] Il faut être du bâtiment, je le répète, et n'avoir ni les yeux ni les mains dans ses poches. Ou sinon, c'est vous qu'on étripe[1].

Ici, la présence de l'auteur modèle est explicite et sans pudeur. Il est des cas où, de manière plus impudique mais aussi plus subtile, auteur modèle, auteur empirique, narrateur et d'autres entités imprécises sont exhibées, mises en scène dans le texte narratif, avec le propos explicite de confondre le lecteur. Revenons aux *Aventures de Arthur Gordon Pym* de Poe.

Deux épisodes avaient été publiés en 1837, dans le *Southern Literary Messenger*, plus ou moins tels que nous les connaissons. Le texte commençait par « Mon nom est Arthur Gordon Pym », mettant donc en scène un narrateur à la première personne, mais il paraissait sous le nom d'un auteur empirique nommé Poe *(Figure 1)*. En 1838, l'histoire entière sortait sous forme de volume, mais sans le nom de l'auteur. En revanche, il y avait une Préface signée A.G. Pym qui donnait ces aventures pour vraies, et signalait que le *Southern Literary Messenger* les avait publiées sous le nom d'un certain monsieur Poe, car personne n'aurait cru cette histoire et qu'il valait donc mieux les présenter comme une fiction narrative. Ainsi, nous

1. Mickey Spillane, *Pas de temps à perdre*, traduit de l'américain par Gilles Morris Dumoulin, Paris, Le Livre de Poche, 1950.

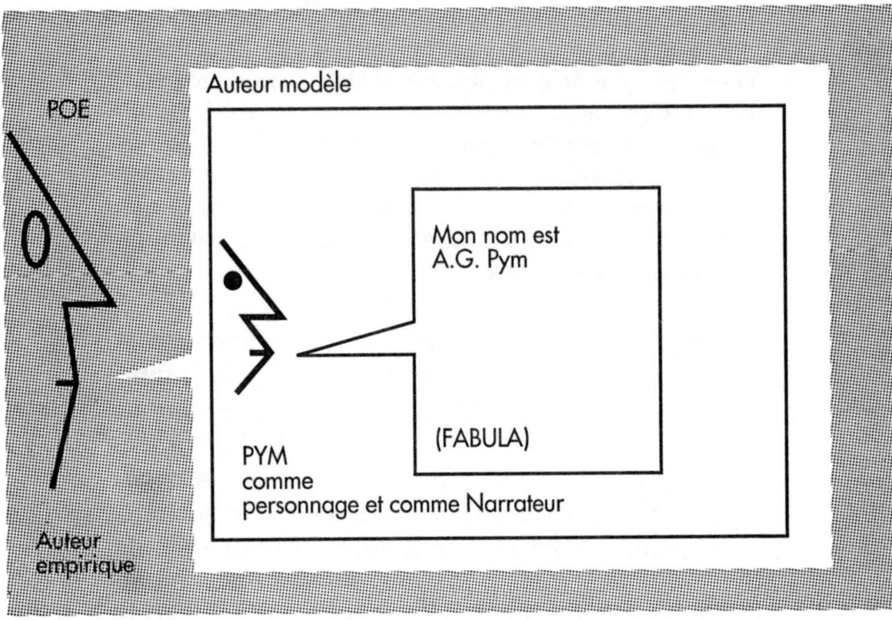

Figure 1

avons un Mr Pym, auteur empirique, qui est le narrateur d'une histoire vraie, lequel écrit une Préface ne faisant pas partie du texte narratif mais du paratexte[1]. Mr Poe disparaît en toile de fond, devenant une sorte de personnage du paratexte *(Figure 2)*.

Mais à la fin de l'histoire, au moment où elle s'interrompt, intervient une note expliquant la disparition des derniers chapitres à la suite de la « mort récente de Mr Pym, si soudaine et si déplorable »,

1. Selon Gérard Genette, le paratexte est l'ensemble des messages qui précèdent, accompagnent ou suivent un texte, comme les avis publicitaires, le titre et les sous-titres, la quatrième de couverture, les préfaces, les critiques, etc.

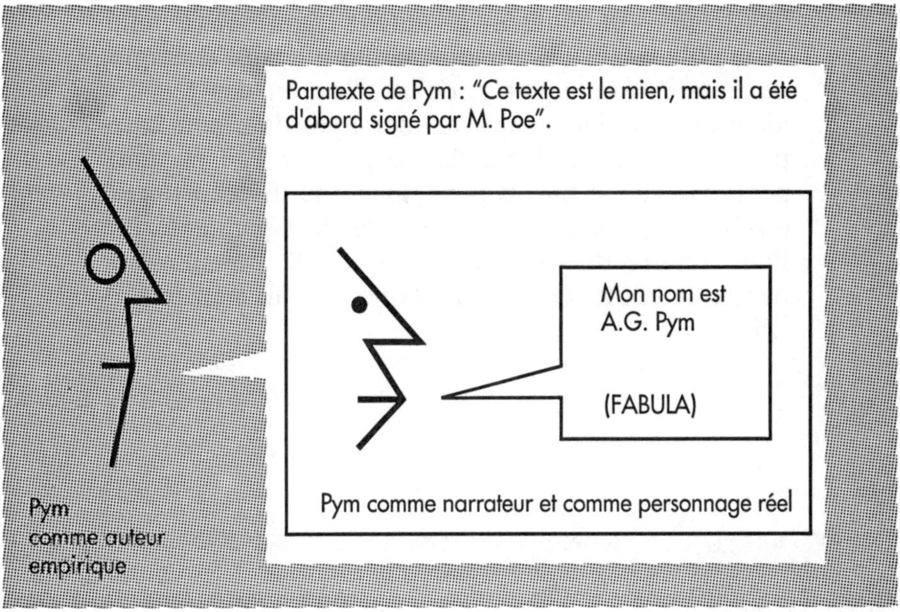

Figure 2

une mort dont les circonstances « sont déjà bien connues du public, grâce aux communications de la presse quotidienne ». Cette note, non signée (et certainement pas écrite par Mr Pym, dont on évoque la mort), ne peut être attribuée à Poe, puisqu'on y mentionne un Mr Poe comme premier éditeur, accusé en outre de ne pas avoir su saisir la nature cryptographique des figures que Pym avait insérées dans le texte.

A ce stade, le lecteur est amené à penser que Pym est un personnage fictif, qui, en tant que narrateur, parle au début du premier chapitre, et au début de la Préface, laquelle devient une partie de l'histoire et non un pur paratexte, tandis que le texte est dû à un troisième — et anonyme — auteur empirique (auteur de la note finale — celle-ci étant un véritable exemple de paratexte), lequel parle de Poe en des termes identiques à ceux employés par Pym dans son faux paratexte. On se demande alors si Mr Poe est une personne réelle ou un personnage de deux histoires différentes, l'une racontée par le faux paratexte de Pym, l'autre dite par un monsieur X, auteur d'un paratexte authentique en tant que tel mais mensonger *(Figure 3)*.

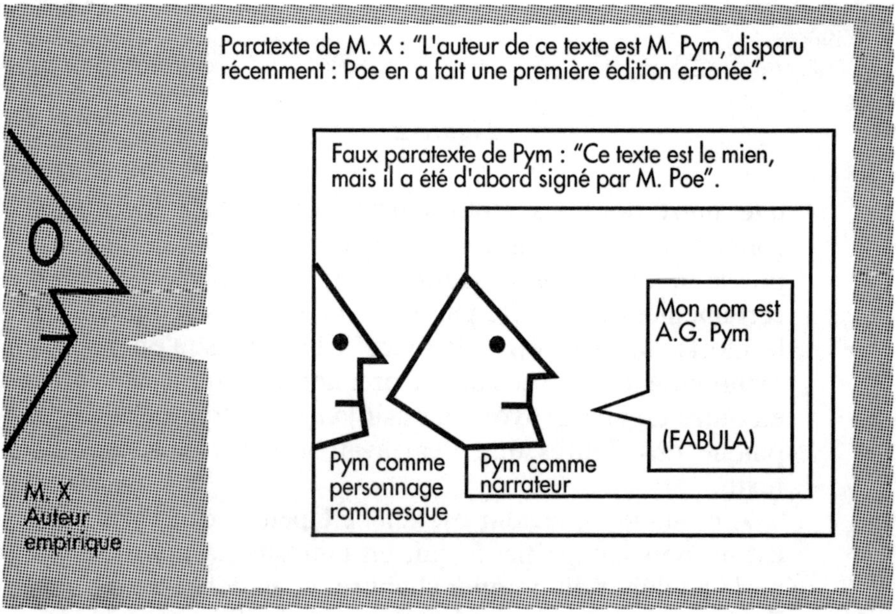

Figure 3

Enfin, ultime énigme, ce mystérieux Mr Pym commence son histoire par « Mon nom est Arthur Gordon Pym », un incipit qui non seulement anticipe le « Appelez-moi Ismaël » de Melville (ce qui serait sans importance), mais semble aussi parodier un texte où Poe, avant *Gordon Pym,* avait parodié un certain Morris Mattson, lequel avait débuté un de ses romans par « Mon nom est Paul Ulric[1] ».

Il faudrait alors approuver le lecteur qui subodorerait que l'auteur empirique est Mr Poe, lequel a inventé un personnage donné comme réel du point de vue romanesque, Mr X, qui parle d'une personne faussement réelle, Mr Pym, qui à son tour agit comme le narrateur d'une histoire fictionnelle. Le seul hic serait que ce personnage romanesque parle de monsieur Poe (le vrai) comme s'il était un habitant de son propre univers fictif *(Figure 4).*

Dans cet enchevêtrement textuel, qui est l'auteur modèle ? Quel qu'il soit, il est la voix, ou la stratégie, mêlant les divers auteurs empiriques supposés, afin d'entraîner le lecteur modèle au cœur de ce théâtre catoptrique.

Revenons maintenant à la lecture de *Sylvie.* En employant un imparfait au début, la Voix — que nous avons décidé d'appeler Nerval — nous dit qu'il faut nous apprêter à écouter une évocation. Au bout de quatre pages, la Voix passe subitement de l'imparfait au passé simple et raconte une nuit passée au club après le théâtre. Ainsi, nous comprenons que nous avons toujours affaire à une évocation du narrateur, mais qu'ici il évoque un moment précis, celui où, en

---

1. Harold Beaver, Commentaire à E. A. Poe, *The Narrative of A. G. Pym,* Harmondsworth, Penguin, 1975, p. 250.

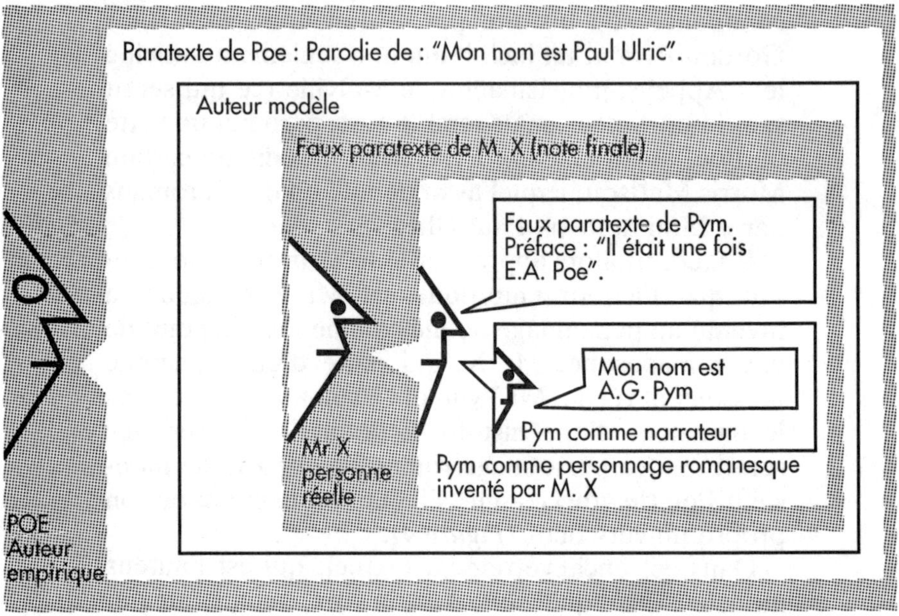

Figure 4

conversant avec un ami au sujet de l'actrice aimée depuis longtemps sans jamais l'avoir approchée, il s'aperçoit que ce qu'il aime, ce n'est pas une femme mais une image. Toutefois, puisqu'il se trouve maintenant dans la réalité fixée ponctuellement par le temps passé, en regardant un journal il apprend que, dans la réalité, ce soir à Loisy, lieu de son enfance, se déroule la traditionnelle fête de l'arc à laquelle il participait enfant, épris de la belle Sylvie.

Au deuxième chapitre, le récit reprend à l'imparfait. Le narrateur passe quelques heures en une demi-somnolence durant laquelle il évoque une fête de son adolescence. Il se rappelle la tendre Sylvie, qui l'aimait, et la belle et superbe Adrienne, qui ce soir-là avait chanté dans le pré, apparition quasi miraculeuse, avant de disparaître à jamais derrière les murs d'un couvent...

Au troisième chapitre, entre rêve et sommeil, le narrateur se demande s'il n'aime pas toujours — et sans espoir — la même image, si, pour de mystérieuses raisons, Adrienne et Aurélie, l'actrice, ne sont pas une seule et même personne. Il est saisi du désir de retrouver le lieu de ses souvenirs d'enfant, il calcule qu'il pourrait y arriver avant l'aube, il sort, prend un fiacre et, durant le voyage, alors qu'il commence à apercevoir les routes, les collines, les villages de son enfance, il entame une nouvelle évocation, cette fois d'une période plus proche, remontant à environ trois ans. Mais le lecteur est amené à ce nouveau flux de souvenirs par une phrase qui — si nous la lisons avec attention — semble surprenante :

> Pendant que la voiture monte les côtes, recomposons les souvenirs du temps où j'y venais si souvent.

Qui prononce (ou écrit) cette phrase, qui nous communique cet avertissement ? Le narrateur ? Mais le narrateur, qui se remémore un voyage advenu des années auparavant, après avoir pris place dans ce fiacre, devrait dire quelque chose comme « Pendant que la voiture montait les côtes, je recomposai — ou je me mis à recomposer, ou je me dis " allons, recomposons " — les souvenirs du temps où j'y venais si souvent ». Qui sont-ils, ou mieux qui sommes-nous, « nous » qui devons ensemble recomposer des souvenirs, et donc nous apprêter à accomplir un nouveau voyage vers le passé ? Nous qui devons le faire *maintenant* (tandis que la voiture voyage en même temps que nous lisons) et non alors, quand la voiture *était* en train de monter, dans le moment passé dont parle le narrateur ? Ce n'est pas la voix du narrateur, c'est celle de Nerval, auteur modèle qui parle un instant à la première personne dans l'histoire et nous dit, à nous lecteurs modèle : « Pendant que lui, le narrateur, est en train de monter les côtes avec sa voiture, recomposons (avec lui, certes, mais aussi vous et moi) les souvenirs du temps où lui il venait si souvent en ces lieux. » *(Figure 5)*

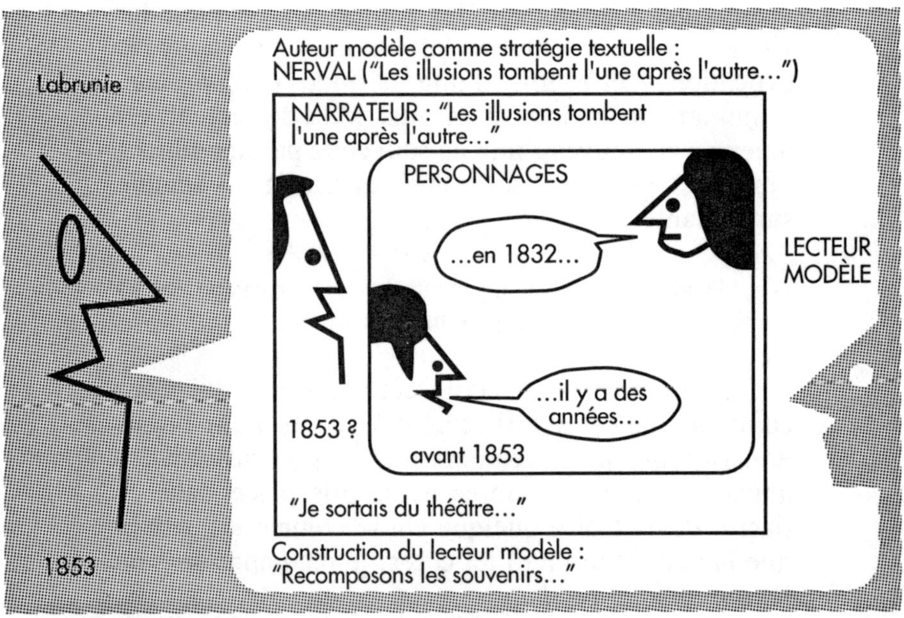

Figure 5

Ce n'est là pas un monologue, mais la réplique d'un dialogue entre trois personnes : Nerval, qui s'insère subrepticement dans le discours du narrateur ; nous, qui sommes impliqués tout aussi subrepticement, alors que nous croyions pouvoir assister à l'aventure de l'extérieur (nous, qui croyions n'être jamais sortis d'un théâtre) ; et enfin le narrateur, qui n'est jamais laissé en dehors, car c'est lui qui venait si souvent en ces lieux (« J'y venais si souvent »).

Soit dit en passant, il y aurait beaucoup à dire sur ce « j'y » : est-ce un « là », où était le narrateur ce soir-là ? Est-ce un « ici » (où Nerval nous transporte soudain) ?

Dans ce récit où temps et espaces se fondent inextricablement, les voix s'entremêlent aussi. Mais cette fusion est orchestrée de façon si admirable qu'elle en devient imperceptible — ou *presque,* puisque nous sommes en train de la percevoir. Ce n'est pas une confusion, c'est au contraire un moment de vision limpide, d'épiphanie de la narrativité, où apparaissent les trois personnes de la trinité narrative : auteur modèle, narrateur et lecteur.

Auteur et lecteur modèle sont deux images qui ne se définissent l'une l'autre que durant et à la fin de la lecture. Elles se construisent réciproquement. A mon avis, c'est le cas pour les œuvres narratives mais aussi pour tout type de texte.

Au paragraphe 66 des *Investigations philosophiques,* Wittgenstein écrit :

> — Considérons par exemple les processus que nous nommons les « jeux ». J'entends les jeux de dames et d'échecs, de cartes, de balle, les compétitions sportives. Qu'est-ce qui leur est commun à tous ? — Ne dites pas : Il *faut* que quelque chose leur soit commun, autrement ils ne se nommeraient pas « jeux » — mais *voyez* d'abord si quelque chose leur est commun. — Car si vous le considérez, vous ne verrez sans

doute pas ce qui leur est commun à *tous,* mais vous verrez des analogies, des affinités, et vous en verrez toute une série[1].

Les pronoms personnels n'indiquent pas du tout une personne empirique nommée Ludwig ou un lecteur empirique : ils représentent de pures stratégies textuelles, disposées sous forme d'appel, comme le début d'un dialogue. L'intervention d'un sujet qui parle est complémentaire à l'activation d'un lecteur modèle qui sache continuer le jeu de l'enquête sur les jeux ; et le profil intellectuel de ce lecteur, voire la passion qui le poussera à mener ce *jeu* sur les jeux, sont déterminés uniquement par le type d'opérations interprétatives que cette voix lui demande d'accomplir : considérer, voir, observer, trouver des analogies et des affinités.

De la même façon, l'auteur n'est autre qu'une stratégie textuelle capable d'établir des corrélations sémantiques, et demandant à être imitée : quand cette voix dit « J'entends », elle veut établir un pacte, selon lequel par le terme *jeu* on doit entendre les jeux de dames et d'échecs, les jeux de cartes, etc. Mais cette voix s'abstient de définir le terme *jeu,* nous invitant à le définir, ou à reconnaître qu'il ne peut être défini de manière satisfaisante sinon en terme de « similitudes de familles ». Dans ce texte, Wittgenstein n'est autre qu'un style philosophique, et son lecteur modèle n'est autre que la capacité et la volonté de s'adapter à ce style, en coopérant pour le rendre possible.

---

1. *Tractatus logico-philosophicus* suivi de *Investigations philosophiques,* traduit de l'allemand par Pierre Klossowski, Paris, Gallimard, 1961, p. 147.

Et ainsi moi-même, voix sans corps, sans sexe (et sans autre histoire que celle qui commence avec cette première conférence et s'achèvera à la dernière), je vous invite, Nobles Lecteurs, à collaborer à mon jeu pour nos cinq prochains rendez-vous.

2

Les bois de Loisy

Il y a deux façons de se promener dans un bois. Soit on y marche en tentant un ou plusieurs chemins (afin d'en sortir au plus vite, ou de retrouver la maison de Mère-Grand, du Petit Poucet ou de Hänsel et Gretel) ; soit on s'y balade pour comprendre comment est fait le bois, pourquoi certains sentiers sont accessibles et d'autres pas. Pareillement, il y a deux façons de parcourir un texte narratif. Celui-ci s'adresse à un lecteur modèle de premier degré, qui désire savoir (à juste titre) comment finit l'histoire (si Achab capture la Baleine, si Leopold Bloom rencontre Stephen Dedalus après l'avoir croisé par hasard plusieurs fois au cours du 16 juin 1904). Mais le texte s'adresse aussi à un lecteur modèle de second degré : celui-ci veut savoir quel type de lecteur le récit lui demande de devenir, et il entend découvrir la manière dont procède l'auteur modèle qui lui fournit des instructions pas à pas. Pour connaître la fin de l'histoire, il suffit souvent de la lire une seule fois. Pour reconnaître l'auteur modèle, il faut lire à plusieurs reprises, et parfois à l'infini. Quand les lecteurs empiriques auront découvert l'auteur modèle, quand ils auront compris (ou commencé à comprendre) ce qu'Il attend d'eux, alors seulement ils seront devenus pleinement le lecteur modèle.

L'un des textes où la voix de l'auteur modèle fait peut-être le plus explicitement appel à la collaboration du lecteur de second degré, est un célèbre roman policier d'Agatha Christie, *le Meurtre de Roger Ackroyd.* Vous en connaissez tous l'histoire : un narrateur parle à la première personne, racontant comment Hercule Poirot découvre petit à petit le coupable, à ceci près qu'à la fin, la voix d'Hercule Poirot nous apprend que le coupable est le narrateur, lequel ne peut plus nier. Mais tandis qu'il attend son arrestation et s'apprête à se suicider, il s'adresse directement à ses lecteurs. En effet, ce narrateur est une figure ambiguë car il ne semble pas être le personnage qui dit « Je » dans un livre écrit par un autre, mais plutôt celui qui a physiquement écrit le livre (comme pour Gordon Pym) ; donc, il incarne aussi l'auteur modèle — ou, si vous préférez, l'auteur modèle parle à travers lui, ou encore, à travers lui nous saisissons presque physiquement la présence de l'auteur modèle.

Le narrateur invite donc le lecteur à relire le texte depuis le début parce que, affirme-t-il, si le lecteur avait été perspicace, il se serait aperçu qu'il ne lui a jamais menti. Au pire, il a été réticent car, on le sait, le texte est une machine paresseuse qui attend de son lecteur une grande collaboration. Non seulement il invite à relire, mais il aide physiquement le lecteur de second degré à le faire, en citant à la fin certaines phrases des chapitres initiaux.

> Je suis assez satisfait de moi comme écrivain.
>
> La phrase suivante n'est-elle pas parfaite ? « La lettre lui avait été apportée à neuf heures moins vingt. Il était juste

neuf heures moins dix lorsque je le quittai sans qu'il eût achevé de la lire. La main sur la poignée de la porte, j'hésitai et regardai en arrière, me demandant si je n'avais rien oublié. »

Tout était exact. Mais supposons que j'aie mis une ligne de points après la première phrase ! Quelqu'un se serait-il jamais demandé ce qui s'était passé pendant ces dix minutes ?

Alors, le narrateur explique ce qu'il a vraiment fait durant ces dix minutes. Puis il poursuit :

> Je dois avouer que ma rencontre avec Parker en franchissant la porte m'émut quelque peu. J'ai d'ailleurs fidèlement enregistré le fait. Plus tard, lorsque j'ai raconté comment le corps fut découvert et comment j'envoyai le maître d'hôtel téléphoner à la police, comme j'ai su judicieusement choisir mes mots ! Je fis le peu qu'il y avait à faire. Très peu de chose en vérité ; simplement remettre le dictaphone dans mon sac et repousser la bergère à sa place, contre le mur[1].

Bien entendu, l'auteur modèle n'est pas toujours aussi explicite. Avec *Sylvie,* nous avons même un auteur qui ne voulait pas que nous relisions, ou plutôt qui voulait que nous le fassions, mais sans comprendre ce qui nous était arrivé à la première lecture. Proust, dans les pages qu'il a consacrées à Nerval, relate les impressions que tout un chacun serait disposé à exprimer après une première lecture de *Sylvie :*

> Donc ce que nous avons ici, c'est un de ces tableaux d'une couleur irréelle, que nous ne voyons pas dans la réalité, [...]

1. *Le Meurtre de Roger Ackroyd,* traduit de l'anglais par Miriam Dou-Desportes, Paris, Librairie des Champs-Elysées, 1927, p. 249.

> mais que parfois nous voyons dans le rêve, ou que la musique évoque. Parfois, au moment de s'endormir, on les aperçoit, on veut fixer et définir leur forme. Alors on s'éveille, on ne les voit plus[1] [...]

Le récit lui transmet « quelque chose de vague et d'obsédant comme le souvenir », une « atmosphère bleuâtre et pourprée », quelque chose qui « n'est pas dans les mots » mais est « tout entre les mots, comme la brume d'un matin de Chantilly[2] ».

Le mot « brume » est capital. *Sylvie* semble vraiment destiné à produire sur son lecteur un « effet de brume », comme si on regardait un paysage les yeux mi-clos, sans en distinguer précisément les contours. Ce n'est pas que l'on distingue mal les choses, au contraire, les descriptions des paysages et des personnes y sont nettes, précises, d'une clarté néoclassique. En fait, ce que le lecteur n'arrive pas à comprendre, c'est à quel moment du temps il se trouve. Comme l'écrit Georges Poulet dans les *Métamorphoses du cercle,* « son passé fait la ronde autour de lui[3] ». Le mécanisme fondamental de *Sylvie* se fonde sur une continuelle alternance de regard en arrière et de regard en avant (c'est-à-dire de ces deux mouvements narratifs que Genette a appelés *analepse et prolepse*) ainsi que sur certains groupes d'analepses emboîtées en poupées russes[4].

---

1. « Gérard de Nerval », in *Contre Sainte-Beuve,* Paris, Folio Essais, 1993, p. 152.
2. *Ibid.,* p. 157.
3. *Les Métamorphoses du cercle,* Paris, Flammarion, 1979, p. 277.
4. Cf. Gérard Genette, *Figures* III. Dans les conférences prononcées en anglais, j'ai évité ces termes techniques à racine

Quand on raconte une histoire référée à un Temps Narratif 1 (le temps raconté, il y a deux heures ou deux mille ans), le narrateur (à la première ou à la troisième personne) et les personnages peuvent mentionner quelque chose qui est arrivé avant le temps raconté. Ou bien, ils peuvent faire allusion à quelque chose qui, au temps de la narration, est encore à venir — et qu'on anticipe. Pour reprendre Genette, l'analepse semble réparer un oubli du narrateur, la prolepse est une manifestation d'impatience narrative.

Cela se produit lors du récit d'un fait quelconque : « Écoute ça, hier j'ai rencontré Pierre, tu te souviens sans doute de lui, c'est celui qui il y a deux ans allait courir tous les matins au bois *(analepse)*. Il était tout pâle, et c'est seulement après coup que j'ai compris pourquoi *(prolepse)* et il me dit — ah, j'ai oublié de te dire que lorsque je l'ai vu, il sortait d'un bar, et c'était seulement dix heures du matin, tu t'imagines *(analepse)* — donc Pierre me dit que — Dieu du Ciel, je te le donne en mille, devine ce qu'il m'a dit *(prolepse)* —

---

grecque, toujours rébarbatifs pour un public américain, même cultivé, et j'ai employé *flashback* et *flashforward*. Étant donné qu'en italien, ce serait des mots étrangers, il m'a paru opportun d'employer les termes originaux de Genette, qui appartiennent en outre au lexique de la rhétorique classique. Sur les rapports entre temps et narrativité, pour tout ce que l'on dira dans les pages qui suivent, je suis en outre débiteur de : Cesare Segre, *Le strutture e il tempo,* Torino, Einaudi, 1974 ; Paul Ricœur, les trois volumes de *Temps et récit,* Paris, Seuil, 1983, 1984, 1985 ; Dorrit Cohn, *Transparent Minds : Narrative Modes for Presenting Consciousness in Fiction,* Princeton, Princeton University Press, 1978 ; Gerald Prince, *Narratology. The Form and Functioning of Narrative,* Berlin, Mouton, 1982 ; Mieke Bal, *Narratology : Introduction to the Theory of Narrative,* Toronto, University of Toronto Press, 1985.

donc il me dit que... » J'espère être moins confus en poursuivant cette conférence. Quoi qu'il en soit, avec un sens artistique beaucoup plus grand certes, Nerval nous bouleverse tout au long de son récit par son jeu vertigineux d'analepses et de prolepses.

Le narrateur aime une actrice, sans savoir si son amour pourrait être partagé. La page d'un journal évoque soudain en lui sa propre enfance, il rentre chez lui et dans un demi-sommeil, il se remémore deux jeunes filles, Sylvie et Adrienne. Adrienne était apparue comme une vision, blonde, grande, élancée, « mirage de la gloire et de la beauté », « le sang des Valois coulait dans ses veines », tandis que Sylvie était une « petite fille » du village voisin, une paysanne aux yeux noirs et à la « peau légèrement hâlée », puérilement jalouse de l'attention que le narrateur réserve à Adrienne.

Après quelques heures sans sommeil, le narrateur décide de prendre une voiture pour aller sur le lieu de ses souvenirs. Le voyage rappelle à nouveau d'autres épisodes (« Recomposons les souvenirs... »). Nous sommes certainement dans un passé plus proche au moment du voyage, « quelques années s'étaient écoulées ». Au cours de cette longue analepse, Adrienne réapparaît de façon fugace, comme souvenir dans le souvenir, tandis que Sylvie est vivante et réelle de manière fulgurante. Elle n'est plus la petite paysanne que le narrateur avait négligée, « elle était devenue si belle ! [...] Son sourire éclairant tout à coup des traits réguliers et placides, avait quelque chose d'athénien ». Parée de toutes les grâces que le narrateur enfant attribuait à Adrienne, elle était peut-être celle qui comblerait son besoin d'amour. Lors d'une émouvante visite à la tante de Sylvie, déguisés en fiancés du temps jadis, ils préfigurent leur possible félicité. Mais il est trop tard, ou trop tôt. Le lendemain, le narrateur retourne à Paris.

Et le voilà maintenant, tandis que la voiture monte les côtes, qui revient une fois encore à son village natal. Il est quatre heures du matin, et il entame une nouvelle analepse, sur laquelle nous reviendrons un autre jour — vous appréciez ma prolepse, j'espère — parce qu'ici (au chapitre 7) les temps se confondent vraiment : on ne comprend pas si une ultime vision d'Adrienne, qu'il ne rappelle que maintenant, s'est produite avant ou après la fête qu'il vient d'évoquer. Mais la parenthèse est brève. Nous retrouvons le narrateur arrivant à Loisy à la fin de la fête de l'arc pour y revoir Sylvie. Elle est désormais une jeune femme, toujours fascinante, il lui remémore quelques aspects de leur enfance et de leur adolescence (les analepses s'insèrent dans le récit presque à la dérobée), mais il comprend qu'elle a changé. Elle est devenue une gantière qui lit Rousseau, sait chanter avec grâce des airs d'opéra, et même « elle *phrasait* ». Enfin, elle s'apprête à épouser le frère de lait et ami d'enfance du narrateur, lequel comprend que le temps de l'enchantement est irrécupérable, et qu'il a autrefois raté le coche.

Le narrateur, de nouveau à Paris, finira par avoir une relation amoureuse avec Aurélie, l'actrice. Et là, le récit s'accélère : le narrateur partage la vie d'Aurélie, découvre qu'en fait il ne l'aime pas, et en sa compagnie il revient de temps à autre au village de Sylvie, laquelle est désormais une mère heureuse, une amie, peut-être une sœur. Au dernier chapitre, le narrateur, ayant été quitté par sa maîtresse (ou après s'être laissé quitter), s'entretient une nouvelle fois avec Sylvie, réfléchissant sur ses illusions perdues.

L'histoire serait banale si l'enchevêtrement d'analepses et de prolepses ne la rendait magiquement irréelle. Le lecteur — dit Proust — est contraint « à tout moment de tourner les pages qui précèdent pour voir où on se trouve, si c'est présent ou rappel du passé [1] ». L'effet de brume est si envahissant que le lecteur échoue en général dans son entreprise. On comprend pourquoi Proust, fasciné par la recherche du temps perdu et dont l'œuvre s'achèvera à l'enseigne du temps retrouvé, a vu en Nerval un maître, un précurseur — qui toutefois n'a pas réussi à gagner sa bataille avec le temps.

Mais qui est le perdant ? Gérard Labrunie, auteur empirique, voué désormais au suicide, Nerval, auteur modèle, ou le lecteur ? Lorsqu'il écrivait *Sylvie,* Labrunie, très atteint mentalement, avait fait plusieurs séjours en clinique, et dans *Aurélia* (II, 5) il nous raconte comment il travaillait : « Toutefois, je l'écrivis péniblement, presque toujours au crayon, sur des feuilles détachées, suivant le hasard de ma rêverie ou de ma promenade. » Il écrivait de la manière dont lit au début le lecteur empirique, sans discerner les connexions temporelles, l'avant ou l'après. Proust dira que *Sylvie* « c'est le rêve d'un rêve », or Labrunie écrivait vraiment comme s'il rêvait. Mais pas l'auteur modèle Nerval. L'apparente incertitude sur les temps et les lieux qui constitue le charme de *Sylvie* (et désarçonne le lecteur de premier degré) s'appuie sur une stratégie narrative et une tactique grammaticale aussi précise qu'un mécanisme d'horlogerie — ce qui ne se révèle qu'aux yeux du lecteur modèle de second degré.

---

1. « Gérard de Nerval », in *Contre Sainte-Beuve, op. cit.* p. 158.

Comment devient-on un lecteur modèle de second degré ? En reconstruisant la séquence des événements que le narrateur avait pratiquement perdue, puis en comprenant que ce n'est pas tant lui, le narrateur, qui l'a perdue mais plutôt Nerval qui induit le lecteur à la perdre.

Pour mieux saisir cela, il est bon de rappeler un thème fondamental de toutes les théories modernes de la narrativité, ce que les Formalistes russes appelaient la différence entre *fabula* et *sjužet* et que nous traduirons par *fabula* et *intrigue.*

FABULA

Temps_1 Temps_2 Temps_3 Temps_x →

Figure 6

L'histoire d'Ulysse, que ce soit celle racontée par Homère ou celle reconstruite par Joyce, était probablement connue des Grecs avant même que soit écrite *l'Odyssée.* Ulysse abandonne Troie en flammes et se perd en mer avec ses compagnons. Il rencontre d'étranges populations et d'horribles monstres, des Lestrygons, des Cyclopes, des Lotophages, il descend aux enfers, échappe aux Sirènes, pour finir prisonnier de la nymphe Calypso. Les dieux décident alors de favoriser son retour en mère patrie. Calypso est amenée à libérer Ulysse, lequel reprend la mer, fait naufrage chez les Phéaciens, raconte son histoire à Alcinoos. Puis il navigue vers Ithaque où il met en déroute le peuple des Prétendants, avant de retrouver Pénélope. La fabula procède donc de façon linéaire d'un moment initial T_1 vers un moment final Tx *(Figure 6)*.

Mais l'intrigue de *l'Odyssée* est bien différente. *L'Odyssée* débute *in medias res,* en un moment T_0, quand cette voix que nous appelons Homère se met à parler. On peut identifier ce moment avec le jour où, selon la tradition, Homère a commencé son chant, ou avec celui où nous entamons notre lecture. Quoi qu'il en soit, l'intrigue commence en T_1, quand Ulysse, déjà prisonnier de Calypso, échappe à ses pièges amoureux et fait naufrage chez les Phéaciens : c'est seulement à ce moment-là (que nous appellerons T_2, et qui correspond au chant huit) qu'il raconte son histoire. Le récit reprend plusieurs années auparavant (T_{-3}), et pour la première fois, le lecteur apprend les péripéties de son héros. Cette analepse dure une bonne partie du poème, et c'est au chant treize que le texte nous ramène au temps où nous étions parvenus au chant huit. Ulysse fait voile vers Ithaque pour achever son aventure *(Figure 7)* :

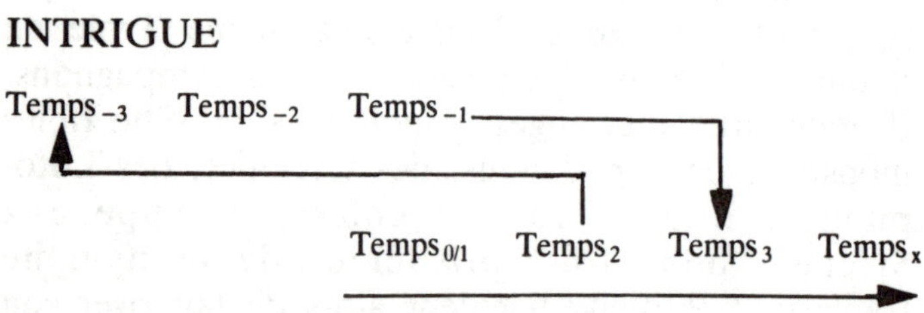

Figure 7

Il est des récits appelés formes simples, tels que les fables, où l'on a seulement la fabula. *Le Petit Chape-*

ron Rouge est un de ceux-là : il commence avec la fillette qui sort de la maison pour s'aventurer dans le bois, et finit avec la mort du loup et le retour de la fillette chez elle. Autre exemple de forme simple, tout en fabula : les *limericks* d'Edward Lear :

There was an Old Man of Peru
who watched his wife making a stew;
But once by mistake
In a stove she did bake
That unfortunate man of Peru

c'est-à-dire :

Il était une fois un vieil homme du Pérou
Qui regardait sa femme mijoter du ragoût;
Mais un jour par erreur, la sotte
le fit blanchir à la cocotte,
Cet infortuné vieil homme du Pérou.

Racontons cette histoire comme l'aurait relatée le *New York Times* : « Lima, 17 mars. Hier, Alvaro Gonzales, 59 ans, deux grands enfants, employé à la Peruvian Chemical Bank, a par erreur été cuisiné par sa femme, Lolita Sanchez de Medinaceli, au cours de la préparation d'un plat local typique... »

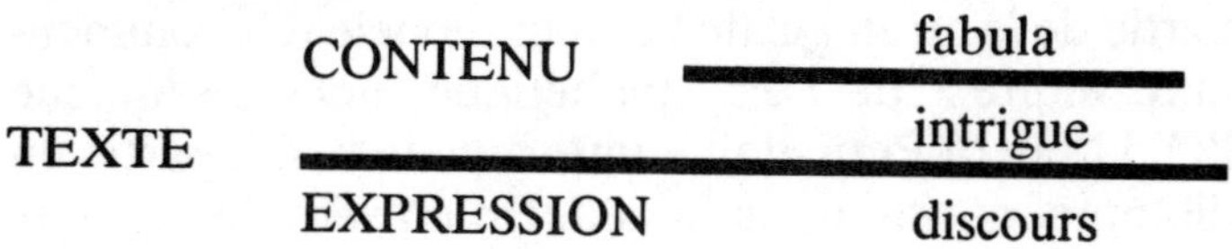

Figure 8

Pourquoi cette histoire n'est-elle pas aussi « belle » que celle de Lear (ou l'une de ses libres traductions) ?

Parce que Lear raconte la fabula, mais que la fabula n'est pas le seul contenu de son récit. Ce contenu a une forme, une organisation — celle de la forme simple — et Lear ne la complique pas avec une intrigue. Pourtant, il exprime la forme de son contenu narratif grâce à une forme de l'expression, qui consiste en un schéma métrique, en un jeu de rimes typique du *limerick.* La fabula est communiquée à travers un *discours narratif (Figure 8).*

Fabula et intrigue ne sont pas une question de langage. Ce sont des structures presque toujours traduisibles en un autre système sémiotique, et je peux d'ailleurs raconter la même fabula que *l'Odyssée,* organisée selon la même intrigue, au moyen d'une paraphrase linguistique, comme je viens de le faire, ou bien par un film ou une B.D., car même ces deux systèmes sémiotiques comportent des signaux d'analepse. En revanche, les mots qu'emploie Homère pour raconter l'histoire font partie du texte homérique, et ils sont difficilement paraphrasables ou traduisibles en images.

Dans un texte narratif, l'intrigue peut manquer, mais jamais la fabula et le discours : la fabula du *Petit Chaperon Rouge* est parvenue jusqu'à nous par des discours divers, celui de Grimm, de Perrault, ou de notre mère. Naturellement, le discours aussi fait partie de la stratégie de l'auteur modèle. Ce commentaire indirect de Lear, pathétique, nous disant que l'Old Man of Peru était « unfortunate », fait partie du discours, et non de la fabula. En un sens, le discours — et non la fabula — se soucie d'informer le lecteur moderne qu'il devrait s'émouvoir du destin du vieil homme. Cela dit, la forme du *limerick,* dotée d'une connotation absurde et ironique, fait également partie du discours, si bien qu'en la choisissant, Lear nous autorise à rire d'une fabula qui, relatée sous le mode discursif du *New York Times,* devrait nous faire pleurer.

Quand le texte de *Sylvie* dit « Pendant que la voiture monte les côtes, recomposons les souvenirs du temps où j'y venais si souvent », nous avons dit que celui qui parle n'est pas le narrateur mais l'auteur modèle. Il est clair que, à ce moment-là, l'auteur modèle ne se manifeste pas comme mode d'organisation de la fabula à travers une intrigue, mais par le discours narratif.

Maintes théories de la littérature ont lutté pour que la voix de l'auteur modèle se fasse entendre uniquement par l'organisation des faits (fabula et intrigue) en réduisant au minimum la présence du discours — non comme s'il était inexistant, mais comme si le lecteur ne devait pas en deviner les suggestions. Selon Eliot « la seule façon d'exprimer une émotion sous forme artistique est de lui trouver un " corrélatif objectif ", en d'autres termes, un ensemble d'objets, une suite d'événements qui devront être la formule de cette émotion particulière [1] ». Proust, tandis qu'il vante le style de Flaubert, regrette qu'il écrive encore « ces bons vieux gîtes qui sentaient toujours... » Il cite « Madame Bovary s'approcha de la cheminée » et observe avec satisfaction « il n'a été dit nulle part qu'elle eût froid ». Proust veut un « style uni de porphyre, sans interstice, sans un ajoutage », où nous avons seulement « une apparition des choses [2] ».

1. T.S. Eliot, *Essais choisis,* traduit de l'anglais par Henri Fluchère, Paris, Seuil, 1950, p. 168.

2. « À ajouter à Flaubert », in *Contre Sainte-Beuve,* Paris, Gallimard, La Pléiade, 1971, p. 300.

Le terme « apparition » nous rappelle l'« épiphanie » de Joyce. Il est des épiphanies des *Dubliners* où la seule représentation des événements dit au lecteur ce qu'il doit essayer de comprendre. En revanche, dans l'épiphanie de la jeune fille oiseau du *Portrait,* c'est le discours, et non la fabula pure et simple, qui oriente le lecteur.

C'est pourquoi je crois impossible de traduire cinématographiquement l'apparition de la jeune fille du *Portrait,* alors que John Huston a su reconstruire filmiquement l'atmosphère d'une nouvelle comme « The Dead » (dans le film homonyme), par la simple exhibition des faits, des situations et des dialogues des personnages.

J'ai été contraint à ce long excursus sur les différents niveaux du texte narratif car il s'agit de répondre maintenant à une question insidieuse : s'il est des textes n'ayant qu'une fabula et pas d'intrigue, pourrait-il exister des textes comme *Sylvie* n'ayant qu'une intrigue et pas de fabula ? *Sylvie* ne dirait-il pas l'impossibilité de reconstruire une fabula ? Ne demande-t-il pas à son lecteur de tomber malade à l'instar de Labrunie, incapable de distinguer entre rêve, souvenir et réalité ? L'emploi même de l'imparfait n'indique-t-il pas que l'auteur voulait que nous nous y perdions, et non que nous analysions son emploi des imparfaits ?

Il s'agit de choisir entre deux déclarations. La première où Labrunie (dans une lettre à Dumas, parue dans *les Filles du feu*) affirme avec ironie que ses écrits ne sont guère plus complexes que la métaphysique de Hegel, ajoutant qu'ils « perdraient de leur charme à être expliqués, si la chose était possible ». La seconde est certainement de Nerval, au dernier chapitre de *Sylvie* : « Telles sont les chimères qui charment et égarent au matin de la vie. J'ai essayé de les fixer sans beaucoup d'ordre, mais bien des cœurs me comprendront. » Doit-on comprendre que Nerval n'a suivi aucun ordre ou bien reconnaître que l'ordre suivi ne se révèle pas de prime abord ? Doit-on penser que Proust, si fin analyste de l'emploi des temps verbaux chez Flaubert et si sensible aux effets de sa stratégie narrative, demandait à Nerval de nous séduire avec ses imparfaits sans que l'on éprouve rien d'autre (face à ce temps cruel qui nous présente la vie comme quelque chose d'éphémère et de passif à la fois) qu'un sentiment de mystérieuse tristesse ? Ou bien faut-il croire que Labrunie a pris soin d'inventer un ordre, mais entendait nous en cacher les artifices pour nous entraîner vers notre perdition ?

On me dit que le Coca-Cola est agréable au palais parce qu'il contient certaines substances dont les magiciens d'Atlanta ne dévoileront jamais le secret. Eh bien, je ne me résous pas à admettre ce « *Coke-oriented Criticism* ». Je trouve inacceptable l'idée d'un Nerval refusant que son lecteur reconnaisse et apprécie ses stratégies stylistiques. Nerval voulait que non seulement nous sentions *que* les temps étaient confus, mais aussi que nous comprenions *comment* il avait réussi à les entremêler.

Vous pourriez objecter que ma notion de littérature ne correspond pas à celle de Nerval, ni peut-être à celle de Labrunie ; pourtant elle trouve une confirmation dans le texte de *Sylvie*. Cette nouvelle qui débute par un vague « Je sortais d'un théâtre », comme pour nous plonger aussitôt dans un temps similaire à celui des fables, se termine par une date, la seule et unique du texte. Sylvie, quand le narrateur a désormais perdu toutes ses illusions, dit : « Pauvre Adrienne ! Elle est morte au couvent de Saint-S... vers 1832. »

Pourquoi cette date importune et impérieuse, qui apparaît à la plus stratégique des positions textuelles, juste à la fin, semblant vouloir briser avec une référence précise l'enchantement du texte ? Ainsi que Proust l'affirmait, on est constamment obligé de revenir aux pages précédentes pour comprendre où on se trouve, dans le présent ou le passé. Et en fait, si l'on revient en arrière, on se rend compte que tout le discours narratif est constellé d'indications temporelles.

Si elles nous échappent à la première lecture, elles émergent clairement à la seconde. Au moment où il raconte, le narrateur dit aimer l'actrice depuis un an déjà ; après la première analepse, il évoque Adrienne comme « une figure oubliée depuis des années » tandis qu'à propos de Sylvie, il se demande « pourquoi l'ai-je oubliée depuis trois ans ? » Le lecteur pense d'abord que trois ans ont passé depuis le temps de cette première analepse, et il s'y perd davantage, car, s'il en était ainsi, le narrateur ne serait pas un jeune homme jouisseur mais encore un jeune garçon. Or, au début du quatrième chapitre, à la deuxième analepse, tandis que la voiture gravit la colline, le texte débute par « Quelques années s'étaient écoulées ». Depuis quand ? Sans doute depuis la période de l'enfance, objet de la première analepse. Le lecteur pense que peut-être quelques années se sont écoulées entre le temps évoqué dans la première analepse et celui évoqué dans la deuxième, et trois ans depuis le temps de la deuxième analepse jusqu'à cette nuit-là. Durant la deuxième longue analepse, on comprend assez facilement que le narrateur reste en ces lieux un soir et le lendemain. Le chapitre sept, où les nœuds temporels sont les plus confus, commence par « Il est quatre heures du matin », et au chapitre suivant, il est dit que le narrateur arrive à Loisy vers l'aube. Il y reste un jour entier, et repart le lendemain matin. Dès qu'il revient à Paris et entame sa relation avec l'actrice, les indications temporelles se font plus pressantes : on dit que des mois se sont écoulés, on évoque après un événement « les jours suivants », puis on parle de « deux mois plus tard », de l'« été suivant », d'un « jour après », d'un soir précis, et ainsi de suite. Cette voix qui nous communique ces crochets temporels a peut-être l'intention de nous faire perdre le sens du temps, mais elle nous invite aussi à reconstruire la séquence exacte des événements.

Voilà pourquoi je vous prie de suivre le diagramme de la *figure 9* : ne croyez pas que je me sois livré à un exercice anatomique inutile et cruel. Cela nous permettra de mieux saisir le mystère de *Sylvie.*

Posons en verticale la séquence de la fabula implicite (je l'ai reconstituée même là où Nerval n'y fait allusion que par de pâles indices), et en horizontale la séquence des chapitres, c'est-à-dire la séquence de l'intrigue. La séquence de la fabula explicite, celle sur laquelle Nerval nous fournit des informations dans le texte, apparaît alors comme une ligne brisée en dents de scie s'étendant le long de la ligne horizontale de l'intrigue. A partir d'elle, comme des flèches verticales, se ramifient les renvois indiquant le passé. Les flèches en trait plein représentent les analepses du narrateur, celles en pointillé les analepses que le narrateur attribue aux personnages — ou à lui-même lorsqu'il converse avec d'autres (ce sont des allusions, de brèves évocations). Ces excursions en arrière devraient se générer à partir de moments où le

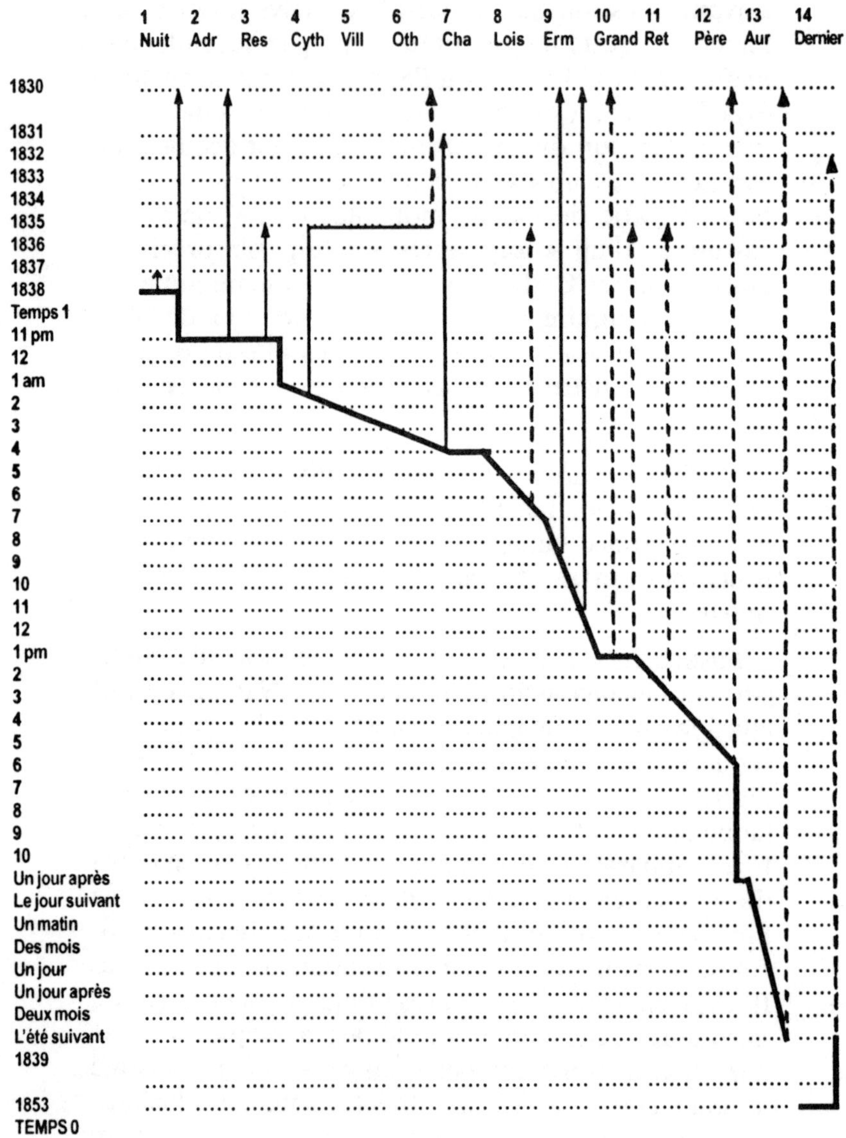
1 Nuit
2 Adr
3 Res
4 Cyth
5 Vill
6 Oth
7 Cha
8 Lois
9 Erm
10 Grand
11 Ret
12 Père
13 Aur
14 Dernier
1830
1831
1832
1833
1834
1835
1836
1837
1838
Temps 1
11 pm
12
1 am
2
3
4
5
6
7
8
9
10
11
12
1 pm
2
3
4
5
6
7
8
9
10
Un jour après
Le jour suivant
Un matin
Des mois
Un jour
Un jour après
Deux mois
L'été suivant
1839
1853
TEMPS 0

Figure 9

narrateur, tandis qu'il raconte au passé simple, songe à des événements de son passé antérieur, mais l'insertion continuelle de l'imparfait entremêle ces rapports temporels.

Quand parle le narrateur ? Plus exactement, quel est le Temps Zéro où il parle ? Comme le texte raconte un monde du XIXe et que *Sylvie* a été écrit en 1853, nous choisissons cette date comme Temps Zéro de la narration. C'est une pure convention, un postulat de départ : j'aurais pu décider que la voix parle aujourd'hui, pendant que nous lisons, en 1994. L'essentiel, c'est que, une fois fixé un T_0, on puisse faire un compte à rebours précis, en utilisant seulement les données que fournit le texte.

Si l'on calcule qu'Adrienne meurt en 1832, donc après que le narrateur enfant l'eut connue, si l'on considère qu'à la suite de la nuit où il a pris le fiacre, après son retour, deux jours plus tard, à Paris, le narrateur est très explicite en affirmant que des mois, et non des années, se sont écoulés durant lesquels il a eu une relation avec l'actrice, on peut établir, avec une raisonnable approximation, que le soir évoqué au cours des trois premiers chapitres et tout l'épisode du retour à Loisy, se situent autour de 1838. En imaginant le narrateur à cette époque comme un dandy âgé d'un peu plus de vingt ans, et étant donné que l'analepse nous le décrit sous les traits d'un jeune garçon d'environ douze ans, on est fondé à penser que le premier souvenir remonte à 1830. Puisqu'il est dit qu'en cette année 1838, trois années s'étaient écoulées depuis le temps auquel se réfère la seconde analepse, on peut considérer que ces événements se sont produits aux alentours de 1835. La date finale de 1832, mort d'Adrienne, nous aide parce que, déjà en 1835, Sylvie fait de vagues allusions nous laissant à penser qu'à l'époque Adrienne était morte (« Votre religieuse [...] Cela a mal tourné »). Une fois fixés ces deux repères conventionnellement précis — 1853 comme T_0 de la voix narrante et un soir de 1838 comme T_1 où commence le jeu des souvenirs — on peut donc établir avec une remarquable approximation une série régressive de segments temporels qui nous ramènent à 1830, et une série progressive qui nous conduit jusqu'à la séparation finale d'avec l'actrice, environ en 1839.

Que gagne le lecteur à cette reconstruction ? Rien, s'il reste un lecteur de premier degré qui, s'il parvient à dissiper quelques effets de brume, risque de perdre la magie de l'égarement. En revanche, le lecteur de second degré comprend que ces évocations obéissent à un ordre, que ces soudains embrayages ou échanges temporels et ces brusques retours au présent narratif suivent un rythme. Nerval a créé ses effets de brume en travaillant sur une sorte de partition musicale. Comme une mélodie, d'abord appréciée pour les effets irréfléchis qu'elle provoque, révèle *a posteriori* que lesdits effets sont dus à une série d'intervalles inopinés, cette partition nous montre comment, grâce au jeu des « échanges » temporels, un « temps » musical s'impose au lecteur.

On a la plus grande condensation d'analepses aux douze premiers chapitres, lesquels recouvrent la durée d'une journée, de onze heures du soir précédent, en sortant du théâtre, jusqu'à la nuit du jour suivant, où le visiteur prend congé de ses amis pour rentrer le lendemain matin à Paris. Vous allez m'objecter qu'en cet espace de vingt-quatre heures, huit ans de souvenirs sont enchâssés, mais c'est une illusion d'optique créée par mon diagramme : on a l'impression que les flèches couvrent l'ensemble du temps qu'elles parcourent à rebours, alors qu'il s'agit de sauts, de « pointeurs » qui vont illuminer un instant ou des fragments de passé. Sur l'axe vertical, j'ai enregistré toutes les phases de la fabula que *Sylvie,* comme texte, présuppose mais ne raconte pas — parce que le narrateur est incapable de les reconstruire dans l'ordre.

Ainsi, cet espace de l'intrigue immensément dilaté raconte quelques moments décousus de la fabula ; en effet, ces huit années ne sont pas vraiment capturées, c'est à nous de les imaginer, perdus comme elles dans les brumes d'un passé qui, par définition, ne peut être retrouvé. Ce sont les nombreuses pages passées à essayer de retrouver ces moments sans jamais réussir à reconstruire leur séquence, c'est la disproportion entre temps de remémoration et temps réellement remémoré, qui produisent ce sentiment de perdition et de défaite languide.

Et à cause de cette défaite, ensuite, en deux seuls chapitres, on court au dénouement, en enjambant les mois. « Que dire maintenant qui ne soit l'histoire de tant d'autres ? » — se justifie le narrateur. On n'a rien que deux brèves analepses : l'une du narrateur qui raconte à Aurélie l'antique vision d'Adrienne (mais il ne rêve plus, il relate une histoire déjà connue du lecteur) ; l'autre de Sylvie, fulgurante, qui établit la date de la mort d'Adrienne, l'unique fait précis, irréfutable, de tout le récit. Aux deux derniers chapitres, le narrateur accélère les temps de l'intrigue car il n'y a plus de fabula à retrouver. Il a rendu les armes. Ce changement d'allure nous fait passer du temps de l'enchantement à celui de la désillusion, du temps immobile du rêve au temps accéléré de la factualité.

Proust avait raison d'affirmer que cette atmosphère

« bleuâtre et pourprée » n'est pas dans les mots, mais entre les mots. En effet, elle est créée par le rapport entre fabula et intrigue, rapport qui gouverne les choix lexicaux eux-mêmes au niveau du discours. Si on pouvait poser le transparent de mon diagramme sur la surface discursive, on verrait que c'est bien sur les nœuds que viennent se greffer, en position stratégique, les continuels échanges de temps verbal. Ces échanges entre imparfait, présent ou passé simple se produisent apparemment de façon inopinée, ils sont parfois imperceptibles, mais jamais immotivés.

Lors de ma précédente conférence, je vous ai avoué que j'ai beau soumettre depuis toujours *Sylvie* à un traitement quasi anatomique, ce livre n'a rien perdu de son charme ; à chaque relecture, c'est comme si mon histoire d'amour avec Sylvie — le récit ou la protagoniste, je ne saurais le dire — existait pour la première fois. Comment la règle de cette stratégie fonctionne-t-elle, alors que j'en sais la « grille » ? C'est sans doute qu'on connaît cette grille en sortant du texte, mais lorsqu'on reprend la lecture, on revient au texte et, une fois recaptivés par le texte, on ne peut lire *Sylvie* en hâte. Oh, bien sûr, c'est possible si vous essayez de repérer une phrase donnée, mais en ce cas, vous ne lisez pas, vous consultez, vous faites du *scanning* tel un ordinateur. Si vous lisez, en voulant saisir les différentes phases, vous vous apercevez que *Sylvie* vous oblige à ralentir. Dès que vous ralentissez, vous oubliez la clé, le fil d'Ariane grâce auxquels vous aviez pénétré le texte. Vous vous égarez à nouveau dans le bois de Loisy, sans retrouver votre chemin.

Labrunie, malade, ignorait probablement avoir construit ce prodigieux mécanisme narratif. Il n'empêche, les lois de ce mécanisme sont dans le texte, là, sous nos yeux. Le mythique Berthold

Schwartz, en quête de la pierre philosophale, pouvait-il découvrir la poudre à canon ? Il ne le voulait pas, il ne le savait pas, mais la poudre existe, malheureusement elle fonctionne, et elle fonctionne selon une formule chimique dont Berthold ignorait tout. Le lecteur modèle trouve et attribue à l'auteur modèle ce que l'auteur empirique a parfois découvert par pur hasard.

Affirmer que Nerval désirait nous faire comprendre par quelles stratégies le texte instruit le lecteur modèle, est une conjecture interprétative. Mais l'auteur empirique intervient parfois directement pour dire exactement quel type d'auteur modèle il entendait devenir. Je pense à Edgar Allan Poe et à sa « Philosophy of Composition[1] ».

D'aucuns ont tenu ce texte pour une provocation, la tentative de montrer que dans *le Corbeau* « aucun point de la composition ne peut être attribué au hasard ou à l'intuition, et que l'ouvrage a marché pas à pas, vers sa solution, avec la précision et la rigoureuse logique d'un problème mathématique ». Selon moi, Poe entendait tout bonnement dire ce qu'il voulait que son lecteur de premier degré ressente, et que son lecteur de second degré découvre.

On est tenté de juger très naïf le calcul sur la « durée » d'une composition littéraire, qui doit être assez brève pour être lue en une seule séance, « car, si deux séances sont nécessaires, les affaires du monde s'interposent, et tout ce que nous appelons *l'ensemble,* totalité, se trouve détruit d'un coup ». Et pour-

1. Les citations qui suivent sont tirées de « Genèse d'un poème » in *Œuvres en prose,* traduction de Charles Baudelaire, Paris, Gallimard, Collection La Pléiade, 1951.

tant, même cela ne me semble pas être un calcul sur la psychologie des lecteurs empiriques : cela concerne les possibilités de collaboration d'un lecteur modèle, et recèle le problème de l'éternelle recherche d'un nombre d'or.

Le second passage définit le principal effet d'une poésie, la Beauté : « une beauté de n'importe quelle famille, dans son développement suprême, pousse inévitablement aux larmes une âme sensible », et « la mélancolie est donc le plus légitime de tous les tons poétiques ». Mais Poe voulait trouver « quelque pivot sur lequel pût tourner toute la machine » et il découvre que, de tous les effets artistiques, « aucun n'avait été plus généralement employé que celui du *refrain* ».

Poe analyse longuement la force du refrain, cette monotonie du son et de la pensée, le plaisir dont la seule origine est le sens d'identité de la réitération, et il décide à la fin que — pour être monotone et obsessionnel — le refrain doit être un unique mot sonore permettant une emphase répétée et continue, et il lui semble presque évident de choisir « Nevermore ». Comme un refrain si monotone ne peut être raisonnablement attribué à un être humain, il ne reste plus qu'à choisir un animal parlant, le Corbeau. Or il s'agit de résoudre un autre problème :

> Je me demandai : De tous les sujets mélancoliques, quel est *le plus* mélancolique selon l'intelligence *universelle* de l'humanité ? — La Mort, réponse inévitable. — Et quand, me dis-je, ce sujet, le plus mélancolique de tous, est-il le plus poétique ? — D'après ce que j'ai déjà expliqué assez amplement, on peut facilement deviner la réponse : — C'est quand il s'allie intimement à la Beauté. Donc, la *mort* d'une *belle femme* est incontestablement le plus poétique sujet du monde, et il est

> également hors de doute que la bouche la mieux choisie pour développer un pareil thème est celle d'un amant privé de son trésor.
>
> J'avais dès lors à combiner ces deux idées : un amant pleurant sa maîtresse défunte, et un corbeau répétant continuellement le mot *Jamais plus*.

Poe ne néglige rien, pas même le type de rythme et de mètre qu'il a choisi (« Le premier est trochaïque ; le second se compose d'un vers octomètre acatalectique, alternant avec un heptamètre catalectique, — qui, répété, devient refrain au cinquième vers, — et se termine par un tétramètre catalectique ») et il se demande pour finir quelle serait la façon la plus opportune de mettre en contact le Corbeau et l'amant. Bien qu'il serait approprié de les faire se rencontrer au cœur d'une forêt, il pense toutefois qu'« un espace étroit et resserré est absolument nécessaire pour l'effet d'un incident isolé ; il lui donne l'énergie qu'un cadre ajoute à une peinture ». Il décide donc de placer l'amant dans sa chambre et, ayant déterminé le lieu, il lui reste à y faire entrer l'oiseau : « L'idée de le faire entrer par la fenêtre était inévitable. » L'amant suppose au départ que le battement des ailes de l'oiseau est « un coup frappé » à sa porte, mais ce détail sert seulement à accroître la curiosité du lecteur et à « placer l'effet incidentel de la porte ouverte toute grande par l'amant, qui ne trouve que ténèbres, et qui dès lors peut adopter, en partie, l'idée fantastique que c'est l'esprit de sa maîtresse qui est venu frapper à sa porte ».

La nuit ne pouvait être (même Snoopy y aurait pensé) que « tempétueuse ». D'abord pour justifier l'entrée du Corbeau, ensuite « pour créer l'effet de contraste avec la tranquillité matérielle de la chambre ».

Enfin, l'animal ira se poser sur le buste de Pallas afin d'obtenir un contraste visuel entre la noirceur de ses plumes et la blancheur du marbre, « le buste de *Pallas* [ayant] été choisi d'abord à cause de son rapport intime avec l'érudition de l'amant, et ensuite à cause de la sonorité même du mot Pallas ».

Dois-je continuer à citer ce texte extraordinaire ? Poe ne nous dit pas — ainsi que cela semble à première vue — les effets qu'il entendait créer dans l'âme de ses lecteurs empiriques, sinon il aurait gardé son secret, estimant la formule de la poésie aussi confidentielle que celle du Coca-Cola. Tout au plus dévoile-t-il la façon dont il a produit l'effet destiné à étonner et attirer son lecteur modèle de premier degré. Mais en réalité, il nous livre ce qu'il voudrait que son lecteur modèle de second niveau découvre.

Que devrait donc découvrir ce lecteur ? La mythique « image dans le tapis » célébrée par Henry James ? Si on entend cette image comme le sens final de l'œuvre d'art, eh bien non. Poe ne fixe pas le sens univoque et définitif de son œuvre, il dit quelle stratégie il a élaborée pour créer un lecteur capable d'interroger indéfiniment son œuvre.

On dirait presque qu'il se résout à cela parce qu'il n'a pas encore rencontré le lecteur idéal que son texte voulait construire — et il se porte candidat comme meilleur lecteur de sa poésie. S'il en est ainsi, il s'agit d'un acte pathétique de tendre arrogance et d'humble orgueil, et il n'aurait jamais dû écrire « The Philosophy of Composition », nous laissant le soin de comprendre son secret.

Mais on le sait, en matière de santé mentale, Edgar n'allait pas mieux que Gérard. Le second donnait l'impression de ne rien savoir de ce qu'il avait fait, le premier donne l'impression d'en savoir trop. La réticence et la folle innocence de Labrunie, la verbosité et l'excès de formules de Poe, appartiennent à la psychologie des deux auteurs empiriques. Toutefois, l'excès de Poe nous permet de comprendre la réticence de Labrunie. Transformant le second en auteur modèle, nous devons lui faire dire ce qu'il nous avait caché ; avec le premier, nous devons reconnaître que, même si l'auteur empirique s'était tu, la stratégie de l'auteur modèle eût été très claire dans le texte. La figure inquiétante « on the pallid bust of Pallas » est désormais notre découverte, nous pouvons maintenant nous promener longtemps dans cette chambre, comme aux bois de Loisy et de Châalis, à la recherche d'Adrienne-Lénore disparues, avec le désir de n'en sortir jamais plus. *Nevermore.*

3

S'attarder dans le bois

Alfred Humblot, refusant pour le compte de l'éditeur Ollendorf le manuscrit de *la Recherche,* argumenta ainsi : « Je suis peut-être bouché à l'émeri, mais je ne puis comprendre qu'un monsieur puisse employer trente pages à décrire comment il se tourne et se retourne dans son lit avant de trouver le sommeil[1]. »

Il était indispensable que Calvino, en faisant l'éloge de la rapidité, précise : « Je ne veux nullement dire par là que la rapidité soit une valeur en elle-même : le temps du récit peut être aussi retardateur, ou cyclique, ou immobile.[...] Cette apologie de la rapidité se garde bien de nier les plaisirs de la temporisation[2]. » Impossible sinon d'admettre Proust au Panthéon de la littérature.

Si le texte est une machine paresseuse qui délègue au lecteur une partie de son travail, pourquoi un texte s'attarde-t-il, ralentit-il, prend-il son temps ? Une œuvre narrative, on le suppose, doit mettre en scène

1. Humblot à Louis de Robert in Frank Lhomeau et Alain Coelho, *Marcel Proust à la recherche d'un éditeur*, Olivier Orban, 1988, p. 111.

2. Italo Calvino, *Leçons américaines. Aide-mémoire pour le prochain millénaire, op. cit.*, pp. 66-81.

des personnages qui accomplissent des actions, et le lecteur désire connaître le développement de ces actions. À Hollywood, me dit-on, un producteur à qui l'on propose le scénario d'un film en l'assommant de détails secondaires, s'écrie immanquablement « cut to the chase ! », coupez, venons-en à la poursuite ; en d'autres termes, ne perdons pas de temps, laissons tomber les nuances psychologiques, arrivons-en au moment final, quand Indiana Jones s'enfuit, une foule d'ennemis sur ses talons, ou que John Wayne et ses compagnons de diligence vont être massacrés par Geronimo.

D'un autre côté, les manuels de casuistique sexuelle, si chers au Des Esseintes de Huysmans, comportent la notion de *delectatio morosa*, une temporisation concédée même à qui est pris par l'urgence de procréer. Si quelque chose d'important, de passionnant doit se produire, il faut cultiver l'art de la temporisation.

Dans un bois, on se promène. Si l'on n'est pas obligé d'en sortir à tout prix pour fuir le loup ou l'ogre, on aime à s'y attarder, afin d'observer le jeu de la lumière filtrant entre les arbres et mouchetant les clairières, d'examiner la mousse, les champignons, la végétation du sous-bois. S'attarder ne signifie pas perdre du temps : souvent, on s'attarde pour réfléchir avant de prendre une décision.

Mais comme on peut aussi se balader sans but dans un bois, et parfois même pour le plaisir de délaisser le bon chemin, je m'occuperai de ces promenades que le lecteur est amené à faire par la stratégie de l'auteur.

Certaines techniques de temporisation ou de ralentissement que l'auteur met en œuvre permettent au lecteur des *promenades inférentielles*. J'ai analysé ce concept dans *Lector in fabula*. Le texte narratif offre parfois de véritables signaux de suspense, comme si le discours ralentissait, freinait même, et que l'auteur suggérait : « Maintenant, à toi de continuer... » Par promenades inférentielles, j'entends — pour continuer à filer notre métaphore forestière — des promenades hors du bois : afin de prévoir le développement de l'histoire, le lecteur se réfère à son expérience de la vie ou à celle qu'il a des autres histoires. Dans les années cinquante, *Mad Magazine* publiait de brèves séquences de type cinématographique intitulées *Scenes we'd like to see* (Scènes que nous aimerions voir), dont la *Figure 10* est un exemple. Bien entendu, ces histoires étaient conçues pour frustrer les promenades inférentielles des lecteurs, lesquels pensaient fatalement aux solutions standard des films hollywoodiens[1].

Mais le texte n'est pas toujours aussi méchant, soucieux au contraire d'offrir au lecteur le plaisir de se hasarder à une prévision couronnée de succès. Il serait faux cependant de croire que le signal de suspense est l'apanage des seuls romans ou des films commerciaux. L'activité prévisionnelle du lecteur constitue un aspect passionnel incontournable de la lecture, qui met en jeu espoirs et craintes, ainsi que la tension issue de l'identification au sort des personnages[2].

---

1. « Scenes We'd Like to See : The Musketeer Failed to Get the Girl », in W. M. Gaines, *The Bedside « Mad »*, New York, Signet, 1953, pp. 117-121.

2. Cf. Isabella Pezzini, « Le passioni del Lector », in P. Magli, G. Manetti, P. Violi éds., *Semiotica : Storia, Teoria, Interpretazione. Saggi intorno a Umberto Eco,* Milan, Bompiani, 1992, pp. 227-242.

Figure 10

Chef-d'œuvre de la littérature italienne du XIXe siècle, *les Fiancés* est un roman détesté par presque tous les Italiens, parce qu'il fait partie des lectures obligées du lycée. Quant à moi, grâce à mon père qui m'a encouragé à le lire avant que l'école ne m'y force, c'est un livre que j'aime.

Dans *les Fiancés*, don Abbondio, un curé de campagne du XVIIe, dont la vertu principale est la lâcheté, rentrant chez lui un soir en récitant son bréviaire, voit quelque chose qu'il aurait préféré ne pas voir, deux *braves* — lisez deux sbires à la solde des occupants espagnols de la Lombardie — qui l'attendent. Un autre auteur aurait à cœur de satisfaire aussitôt notre curiosité de lecteurs et nous dirait immédiatement ce qui se passe : *cut to the chase.* Pas Manzoni. Il agit d'une manière inconcevable aux yeux du lecteur. Sur plusieurs pages, riches de détails historiques, il entreprend de nous expliquer qui étaient les *braves* à cette époque-là. Après quoi, il remet en scène don Abbondio, mais sans lui faire rencontrer les *braves*. Il s'attarde encore :

> Quant aux deux décrits plus haut, qu'ils fussent là pour attendre quelqu'un était chose trop évidente ; mais ce qui chagrina surtout don Abbondio, fut d'être obligé de s'aviser, à certains de leurs gestes, que c'était lui qu'on attendait. Car à sa vue, ils s'étaient regardés en levant la tête, avec un mouvement qui montrait qu'ils avaient dit tous deux en même temps : « C'est lui. » Celui qui était à califourchon s'était levé, ramenant sa jambe sur le chemin, tandis que l'autre se détachait du mur ; et tous deux venaient à sa rencontre. Le curé, tenant toujours devant soi son bréviaire, comme s'il lisait, regardait par-dessus, pour guetter leurs mouvements ; et les voyant venir vraiment à sa rencontre, il fut assailli, tout d'un coup, de mille pensées. Immédiatement il se demanda si, entre les *braves* et lui, il n'y aurait point quelque issue à droite

> ou à gauche ; et il se souvint aussitôt que non. Il examina rapidement sa conduite pour voir s'il avait péché contre quelque puissant, contre quelque vindicatif ; mais, au milieu même de son trouble, le témoignage consolant de sa conscience le rassurait quelque peu ; les *braves* cependant se rapprochaient, le fixant du regard. Il glissa l'index et le médium de la main gauche dans son collet, comme pour le rajuster ; et, passant les deux doigts tout autour de son cou, il tournait son visage en arrière, en tordant la bouche, et regardait du coin de l'œil, aussi loin qu'il le pouvait, si quelqu'un d'autre n'arrivait pas sur le chemin ; mais il ne vit personne. Il jeta un coup d'œil par-dessus le muret, dans les champs : personne ; un autre coup d'œil, plus prudent, sur le chemin devant lui : personne, non plus, que les deux *braves*. Que faire [1] ?

Que faire ? Il est clair que cette question s'adresse directement à don Abbondio, mais aussi au lecteur. Manzoni est maître dans l'art de mêler à la narration des appels inopinés et sournois à ses lecteurs, celui-ci étant l'un des moins sournois : qu'auriez-vous fait à la place de don Abbondio ? Nous avons là un exemple type de la façon dont l'auteur modèle, ou le texte, invite le lecteur à une promenade inférentielle. La temporisation sert à stimuler cette promenade. En outre, il est évident que le lecteur ne se demande pas que faire, puisque don Abbondio n'a aucune échappatoire. Si le lecteur passe lui aussi deux doigts dans son collet, ce n'est pas pour regarder en arrière, mais en avant, vers le développement de la péripétie : il est invité à se demander ce que peuvent bien vouloir

1. *Les Fiancés*, Paris, Gallimard, 1995. Toutes les citations de Manzoni sont tirées de cette traduction d'Yves Branca. [N.d.l.T.]

deux *braves* à cet homme tranquille et inoffensif. Je ne vous le dirai pas. Si vous n'avez pas encore lu *les Fiancés*, vous avez eu tort, et il est temps de vous y mettre. En tout cas, sachez que tout commence avec cette rencontre.

Cela dit, reste à savoir si Manzoni devait nécessairement insérer ces informations historiques sur les *braves*. On sait que le lecteur est tenté de les sauter, et tout lecteur des *Fiancés* l'a fait, du moins la première fois. Eh bien, le temps mis à feuilleter les pages qu'on ne lit pas fait lui aussi partie d'une stratégie narrative, car l'auteur modèle sait (même si souvent l'auteur empirique ne saurait le conceptualiser) que dans un récit, le temps apparaît trois fois : comme temps de la fabula, comme temps du discours et comme temps de la lecture.

Le temps de la fabula fait partie du contenu de l'histoire. Si le texte dit « mille ans passèrent », le temps de la fabula est de mille ans. Mais au niveau de l'expression linguistique, c'est-à-dire au niveau du discours narratif, le temps d'écrire (et de lire) l'énoncé est très bref. Ainsi, en accélérant le temps du discours, on peut exprimer un temps de la fabula très long. Naturellement, le contraire est possible : nous avons vu que Nerval a mis douze chapitres à nous raconter ce qui s'est passé en une nuit et un jour, alors qu'il a évoqué des mois et des années en deux brefs chapitres.

Les théoriciens de la narrativité (entre autres Chatman, Genette ou Prince) s'accordent à dire qu'il est aisé d'établir le temps de la fabula : *le Tour du monde en quatre-vingts jours* de Verne dure, du départ à l'arrivée, quatre-vingts jours — du moins pour les membres du Reform Club qui attendent à Londres — et quatre-vingt-un jours pour Phileas Fogg dans sa circumnavigation à la rencontre du soleil.

Déterminer le temps du discours est moins facile. Le fait-on à partir de la longueur du texte écrit ou du temps qu'on met à le lire ? Il n'est pas forcé que ces deux durées soient exactement proportionnelles. Si nous devions le calculer d'après le nombre de mots, les deux passages que je vais vous lire seraient tous deux un exemple de ce temps narratif que Genette appelle « isochronie » et Chatman « scène », où fabula et discours ont peu ou prou la même durée, comme pour les dialogues. Le premier exemple est tiré d'une *hard boiled novel* type, un genre narratif où tout se réduit à l'action et où il est interdit de laisser le lecteur reprendre son souffle. Le descriptif idéal de la *hard boiled novel*, c'est le massacre de la Saint-Valentin, où l'ensemble des adversaires est liquidé en trois secondes. Mickey Spillane, qui en ce sens est le Al Capone de la littérature, nous raconte à la fin de *One Lonely Night* une scène qui a dû se dérouler en quelques instants :

> They heard my scream and the awful roar of the gun and the slugs tearing into the bones and guts and it was the last they heard. They went down as they tried to run and felt their insides tear out and spray against the wall. I saw the general's head splinter into shiny wet fragments and splatter over the floor. The guy from the subway tried to stop the bullets with his hands and dissolved into a nightmare of blue holes [1].

> Et la mitraillette crachait la réponse, elle aussi, en son propre langage, et je vis la tête d'Osilow voler en éclats humides qui s'éparpillèrent alentour. Le petit homme du métro tendit les mains vers moi, comme pour repousser les balles, et s'effondra criblé de trous bleuâtres. Chapeau-de-

1. *One Lonely Night,* New York, Dutton, 1951, p. 165.

> Cuir fut le seul à essayer de dégainer son pétard. Je pris la peine de viser pour la première fois, et lui découpai le bras comme avec une perceuse, en suivant le contour de l'épaule ! Je lui laissai le temps de bien voir le membre amputé qui gisait à ses pieds. Il n'avait pas l'air de croire qu'une chose pareille avait pu lui arriver à lui ! Je le lui prouvai en lui flanquant la giclée suivante dans les tripes[1].

J'aurais plus vite fait d'accomplir le massacre que de vous en lire la description. Vingt-six secondes de lecture pour dix secondes de tuerie, c'est un bon record. Dans un film, il y aurait eu adéquation totale entre temps du discours et temps de la fabula. Il s'agit d'un bon exemple de ce que Chatman appelle *scène*.

Mais voyons maintenant comment Ian Fleming décrit un autre événement atroce, la mort de Le Chiffre dans *Casino Royale*.

> There was a sharp « phut », no louder than a bubble of air escaping from a tube of toothpaste. No other noise at all, and suddenly Le Chiffre had grown another eye, a third eye on a level with the other two, right where the thick nose started to jut out below the forehead. It was a small black eye, without eyelashes or eyebrows. For a second the three eyes looked out across the room and then the whole face seemed to slip and go down on one knee. The two outer eyes turned trembling up towards the ceiling[2].

> Il y eut un « pfutt » aigu, pas plus fort que le bruit que fait

1. *Charmante soirée,* traduit de l'américain par Gilles Morris Dumoulin, Paris, Le Livre de Poche, 1975, p. 210. Mon calcul sur le temps de lecture par rapport au nombre de mots se fonde sur le texte anglais.
2. *Casino Royale,* Londres, Glidrose Productions, 1953, chap. 18.

> une bulle d'air s'échappant d'un tube de dentifrice. Pas d'autre bruit, et soudain, il était poussé à Le Chiffre un autre œil, un troisième œil, à l'alignement des deux autres, exactement à l'endroit où le gros nez, sous le front, commençait à faire saillie. C'était un petit œil noir, sans cils ni sourcils.
>
> Une seconde, les trois yeux regardèrent à travers la pièce, puis tout l'ensemble du visage parut glisser et tomber sur un des genoux. Les deux yeux placés à l'extérieur se tournèrent en vacillant vers le plafond[1].

La scène dure deux secondes, l'une pour que Bond tire, l'autre pour que Le Chiffre fixe la pièce de ses trois yeux, or la lecture de sa description m'a pris quarante-deux secondes. Quarante-deux secondes pour 98 mots chez Fleming, c'est proportionnellement plus lent que vingt-six secondes pour 81 mots chez Spillane. En lisant à haute voix, j'ai contribué à vous donner l'impression d'une description au ralenti, qui dans un film aussi aurait duré assez longtemps, comme si le temps était suspendu. En lisant Spillane, j'étais tenté d'accélérer, alors que pour Fleming, je ralentissais. L'extrait de Fleming est, dirais-je, un bon exemple de ce que Chatman appelle *stretching* (et qui au cinéma est cet effet de ralenti dit *slow motion*), où le discours est freiné par rapport à la rapidité de l'histoire. Cependant, le *stretching* — comme la *scène* — ne dépend pas du nombre de mots, mais de « l'allure » que le texte impose au lecteur. Même au cours d'une lecture silencieuse, le lecteur est tenté de parcourir rapidement la description de Spillane alors

1. *Casino Royal* [sic], traduit de l'américain par André Gilliard, Paris, Robert Laffont, Bouquins, 1987, p. 112. Ici aussi, mon calcul sur le temps de lecture par rapport au nombre de mots se fonde sur le texte anglais.

qu'il est amené à savourer (si vous me permettez cet adjectif pour une description si atroce) le passage de Fleming. L'emploi des termes, des métaphores, l'art de fixer l'attention du lecteur, forcent à regarder un homme recevant une balle en plein front d'une manière différente de l'ordinaire, alors que les expressions de Spillane évoquent en nous des visions de massacre qui appartiennent au patrimoine de notre mémoire de lecteurs ou de spectateurs. La comparaison du bruit d'un pistolet muni de silencieux à celui d'une bulle d'air, la métaphore du troisième œil, ou le fait que les deux yeux naturels se tournent là où le troisième ne regarde pas, tout cela constitue un exemple de cet *effet de défamiliarisation* dont parlaient les formalistes russes.

Dans son essai sur le style de Flaubert[1], Proust affirme qu'une des vertus de cet écrivain est de savoir rendre avec une rare efficacité l'impression du temps. Et lui qui mettait trente pages à raconter comment il se retournait dans son lit, s'enthousiasme pour la fin de *l'Éducation sentimentale*, dont la chose la plus belle, dit-il, n'est pas une phrase mais un espace blanc.

Proust note que Flaubert, qui s'est attardé durant des pages sur des actions insignifiantes de Frédéric Moreau, accélère vers la fin quand il relate l'un des moments les plus dramatiques de sa vie. Après le coup d'État de Napoléon III, Frédéric assiste à une charge de cavalerie au centre de Paris, et Flaubert décrit avec excitation l'arrivée d'un régiment de dragons qui « galopaient, à fond de train, penchés sur

1. « À propos du " style " de Flaubert », in *Essais et articles,* Paris, Folio essais, 1994, p. 291.

leurs chevaux, le sabre nu ». Frédéric voit un garde, épée au poing, marcher sur un insurgé qui tombe mort. « L'agent fit un cercle autour de lui avec son regard ; et Frédéric, béant, reconnut Sénécal. »

Et là, Flaubert introduit un blanc, qui semble « énorme » à Proust. Après, « sans l'ombre d'une transition, soudain la mesure du temps devenant au lieu de quarts d'heure, des années, des décades », Flaubert écrit, de façon lapidaire :

> Il voyagea.
>
> Il connut la mélancolie des paquebots, les froids réveils sous la tente, l'étourdissement des paysages et des ruines, l'amertume des sympathies interrompues.
>
> Il revint.
>
> Il fréquenta le monde, et il eut d'autres amours encore. Mais le souvenir continuel du premier les lui rendait insipides ; et puis la véhémence du désir, la fleur même de la sensation était perdue [1]

Flaubert a d'abord accéléré pas à pas le temps du discours pour rendre la précipitation des événements (ou du temps de la fabula) ; ensuite, après le blanc, il a inversé le processus, faisant correspondre à un temps très bref du discours un temps très long de la fabula. Nous nous trouvons, je crois, face à un effet de défamiliarisation obtenu non pas sémantiquement mais syntactiquement, où le lecteur est contraint de « changer de vitesse » à partir de ce simple et énorme blanc.

Le temps du discours est donc l'effet d'une stratégie textuelle qui interagit avec la réponse du lecteur et lui impose un temps de lecture.

1. *L'Éducation sentimentale,* Paris, Garnier, 1984, pp. 418-420.

Et nous en revenons à la question que nous nous posions au sujet de Manzoni. Pourquoi avoir inséré des informations historiques sur les *braves*, en sachant pertinemment que le lecteur les sauterait ? Parce que l'acte de sauter des pages aussi prend du temps, ou du moins il donne l'impression d'employer un certain temps pour en économiser un autre. Le lecteur doit savoir qu'il saute des pages (se promettant peut-être de les lire plus tard) et il doit en déduire qu'elles contiennent une information capitale. L'auteur ne lui suggère pas seulement que les faits racontés sont réellement arrivés, il lui dit aussi combien la petite histoire s'enracine dans la Grande. Si le lecteur comprend cela (même s'il a sauté le passage sur les *braves*), les deux doigts que don Abbondio passe dans son collet deviendront beaucoup plus dramatiques.

Comment un texte impose-t-il un temps de lecture au lecteur ? Nous le comprendrons mieux en considérant l'architecture et les arts figuratifs.

On estime en général qu'il existe des arts où la durée a une fonction particulière et où le temps du discours correspond à celui de la lecture : entre autres, la musique et le cinéma. Dans un film, temps du discours et temps de la fabula ne coïncident pas toujours, alors qu'en musique, il y a une coïncidence parfaite des trois temps (à moins que l'on identifie la fabula à une succession de thèmes, et le discours à leur traitement global, de sorte que, même dans la musique, on peut définir des intrigues qui anticipent ou reprennent ces éléments thématiques, comme chez Wagner par exemple). Ces arts du temps n'offrent qu'un temps de la « relecture », au sens où le spectateur ou l'auditeur jouissent de l'œuvre à loisir (et le matériel d'enregistrement actuel nous permet de le faire encore plus aisément).

Quant aux arts de l'espace — la peinture et l'architecture —, ils n'ont, semble-t-il, rien à voir avec le temps (si ce n'est qu'ils exhibent celui de leur vieillissement, nous parlant ainsi de leur histoire). Et pourtant, une œuvre visuelle requiert elle aussi un *temps de circumnavigation*. Sculpture ou architecture nécessitent et imposent, par la complexité de leur structure, un temps minimum pour être pleinement appréciées. On peut passer un an à faire le tour de la cathédrale de Chartres sans en découvrir jamais tous les détails architecturaux et iconographiques. En revanche, avec ses quatre côtés égaux et la symétrie de ses fenêtres, on a vite fait d'arpenter la Beinecke Library de Yale. La richesse décorative représente une contrainte que la forme architecturale exerce sur le visiteur, et plus il y a de détails, plus on met de temps à les explorer.

Certains tableaux imposent une lecture multiple. Ainsi, de prime abord, une œuvre de Pollock se prête à une inspection rapide (on ne voit qu'une matière informe), mais il faut ensuite interpréter et découvrir la trace immobile du processus formatif, et — comme dans les bois ou les labyrinthes — il semble difficile de dire quel tracé privilégier, par où commencer, quel sentier choisir pour saisir l'image fixe de ce qui fut une action, la dynamique du *dripping*.

Dans la narrativité, nous l'avons vu, il est plus complexe de distinguer temps du discours et temps de la lecture ; mais parfois, il est sûr que l'abondance des descriptions, la minutie des détails servent davantage au ralentissement de la lecture qu'à la représentation, afin de permettre au lecteur d'acquérir ce rythme que l'auteur juge nécessaire à la jouissance de son texte.

Pour imposer ce rythme au lecteur, certaines œuvres identifient temps de la fabula, temps du discours et temps de lecture. A la télévision, on parle de « direct ». Il suffit de songer à ce film où Andy Warhol a filmé, tout au long d'une journée, l'Empire State Building. En littérature, il est difficile de quantifier le temps de lecture, mais disons que, pour lire le dernier chapitre d'*Ulysse*, il faut au moins autant de temps qu'il en fallut à Molly pour naviguer dans son *stream of consciousness*. On utilise parfois des critères proportionnels : si on met deux pages à dire que quelqu'un a parcouru un kilomètre, on en mettra quatre pour dire qu'il en a parcouru deux.

Ce grand jongleur de mots que fut Georges Perec a caressé un jour l'ambition d'écrire un livre aussi vaste que le monde. Puis, comprenant que c'était impossible, il s'est contenté, dans un texte intitulé *Tentative d'épuisement d'un lieu parisien*, de décrire « en direct » ce qui s'est passé Place Saint-Sulpice du 18 au 20 octobre 1974. Perec sait parfaitement qu'on a beaucoup écrit au sujet de cette place, mais il entend décrire le reste, ce qu'aucun livre n'a jamais raconté, la totalité de la vie quotidienne. Il s'installe sur un banc ou à l'un des deux bars de la place, et pendant deux jours, il note tout ce qu'il voit, les autobus qui passent, un Japonais qui le photographie, un homme en imperméable vert ; il observe que tous les passants ont au moins une main prise par un sac, une valise, la main d'un enfant ou la laisse d'un chien ; il enregistre même le passage d'un homme ressemblant à Peter Sellers. A deux heures de l'après-midi du 20 octobre, il s'arrête : impossible d'être exhaustif sur tout ce qui se passe en n'importe quel lieu du monde. En fin de compte, son petit livre fait soixante pages et se lit en une demi-heure. A moins que le lecteur ne le savoure lentement pendant deux jours, en essayant d'imaginer chacune des scènes décrites. Toutefois, nous ne parlerions plus alors de temps de lecture mais de temps de l'hallucination. De la même manière, on peut utiliser une carte géographique pour inventer des voyages et des aventures extraordinaires, mais en ce cas, la carte est un simple stimulus, et le lecteur s'est transformé en narrateur. A la question de savoir quel livre j'emporterais sur une île déserte, je réponds invariablement : « L'annuaire téléphonique ; avec tous les personnages, je pourrais créer des histoires infinies. »

Parfois, on recherche la coïncidence des trois temps (de la fabula, du discours, de la lecture) à des fins très peu artistiques. La temporisation n'est pas toujours signe de noblesse. Je me suis un jour demandé à quoi on reconnaît scientifiquement un film pornographique. Un moraliste répondrait qu'un film est porno s'il contient des représentations explicites et minutieuses d'actes sexuels. Pourtant, lors de nombreux procès pour pornographie, on a démontré que certaines œuvres d'art recourent à ce type de représentations par scrupule de réalisme, pour dépeindre la vie telle qu'elle est, pour des raisons éthiques (on représente la luxure afin de la condamner) et que de toute façon, la valeur esthétique de l'œuvre rachète sa nature obscène. Comme il est délicat de dire si une œuvre a vraiment des préoccupations de réalisme, si elle a de sincères intentions éthiques, et si elle atteint des résultats esthétiquement satisfaisants, j'ai établi (après avoir analysé maints *hard-core movies*) une règle infaillible.

Il faut savoir si, dans un film représentant des actes sexuels, lorsqu'un personnage prend une voiture ou un ascenseur, le temps du discours coïncide avec le temps de l'histoire. Flaubert met une ligne à nous dire que Frédéric a voyagé longtemps ; dans les films normaux, quand un personnage monte en avion, on le voit débarquer au plan suivant. En revanche, dans un film porno, si quelqu'un monte en voiture pour aller dix rues plus loin, la voiture parcourt les dix rues — en temps réel. Si quelqu'un ouvre un frigo et se verse une bière pour la siroter au creux d'un fauteuil, l'action prend autant de temps que cela vous prendrait chez vous pour faire la même chose.

La raison en est très simple. Le film porno est conçu pour satisfaire le public par la vision d'actes sexuels, mais il ne peut offrir une heure et demie d'accouplements ininterrompus, ce serait fatigant pour les acteurs et cela finirait par devenir assommant pour les spectateurs. Il faut donc distribuer les actes sexuels au cours d'une histoire. Or, personne n'est disposé à dépenser de l'argent et des trésors d'imagination pour concevoir une histoire digne d'intérêt, dont le spectateur se ficherait parce qu'il veut du sexe. L'histoire se réduit donc à une série minimale d'événements quotidiens — aller quelque part, mettre un pardessus, boire un whisky, parler de choses sans importance —, et il est plus rentable de filmer pendant cinq minutes un type qui conduit une voiture que de l'embringuer dans une fusillade à la Mickey Spillane (ce qui, surtout, distrairait le spectateur). C'est pourquoi tout ce qui n'est pas sexuel doit prendre autant de temps que dans la réalité — alors que les actes sexuels doivent prendre plus de temps qu'ils n'en requièrent en général dans la réalité. Voici donc la règle : si dans un film, deux personnages, pour aller de A à B, mettent un temps égal à celui qu'il faut en réalité, nous avons la certitude de nous trouver face à un film porno. Bien entendu, il doit y avoir aussi les actes sexuels, sinon *Im Lauf der Zeit* de Wim Wenders, qui montre pendant presque quatre heures deux personnes voyageant en camion, serait un film pornographique, ce qu'il n'est pas.

Le dialogue est en général considéré comme le cas type d'identité entre temps de la fabula et temps du discours. Mais voici un exemple, assez exceptionnel, où, pour des raisons étrangères à la littérature, un auteur a inventé un dialogue donnant l'impression de durer plus longtemps qu'un dialogue réel.

Étant payé à la ligne pour ses romans-feuilletons, Alexandre Dumas avait l'art de tirer à la ligne afin d'arrondir ses entrées. Au chapitre 11 des *Trois Mousquetaires*, d'Artagnan rencontre son aimée Constance Bonacieux, la soupçonne d'infidélité et tente de comprendre ce qu'elle fait, de nuit, près de chez Aramis. Voici une partie, une partie seulement, du dialogue qui s'ensuit :

— Sans doute ; Aramis est de mes meilleurs amis.

— Aramis ! qu'est-ce que cela ?

— Allons donc ! Allez-vous me dire que vous ne connaissez pas Aramis ?

— C'est la première fois que j'entends prononcer ce nom.

— C'est donc la première fois que vous venez à cette maison ?

— Sans doute.

— Et vous ne saviez pas qu'elle fût habitée par un jeune homme ?

— Non.

— Par un mousquetaire ?

— Nullement.

— Ce n'est donc pas lui que vous veniez chercher ?

— Pas le moins du monde. D'ailleurs, vous l'avez bien vu, la personne à qui j'ai parlé est une femme.

— C'est vrai ; mais cette femme est des amies d'Aramis.

— Je n'en sais rien.

— Puisqu'elle loge chez lui.

— Cela ne me regarde pas.

— Mais qui est-elle ?

— Oh ! cela n'est point mon secret.

— Chère madame Bonacieux, vous êtes charmante ; mais en même temps vous êtes la femme la plus mystérieuse...

— Est-ce que je perds à cela ?

— Non ; vous êtes, au contraire, adorable.

— Alors, donnez-moi le bras.

— Bien volontiers. Et maintenant ?

— Maintenant conduisez-moi.

— Où cela ?

— Où je vais.

— Mais où allez-vous ?

— Vous le verrez puisque vous me laisserez à la porte.

— Faudra-t-il vous attendre ?

— Ce sera inutile.

— Vous reviendrez donc seule ?

— Peut-être oui, peut-être non.

— Mais la personne qui vous accompagnera ensuite sera-t-elle un homme, sera-t-elle une femme ?

— Je n'en sais rien encore.

— Je le saurai bien, moi !

— Comment cela ?

— Je vous attendrai pour vous voir sortir.

— En ce cas, adieu !

— Comment cela ?

— Je n'ai pas besoin de vous.

— Mais vous aviez réclamé...

— L'aide d'un gentilhomme, et non la surveillance d'un espion.

— Le mot est un peu dur !

— Comment appelle-t-on ceux qui suivent les gens malgré eux ?

— Des indiscrets.

— Le mot est trop doux.

— Allons, madame, je vois bien qu'il faut faire tout ce que vous voulez.

— Pourquoi vous être privé du mérite de le faire tout de suite ?

— N'y en a-t-il donc aucun à se repentir ?

— Et vous repentez-vous réellement ?

— Je n'en sais rien moi-même. Mais ce que je sais, c'est que je vous promets de faire tout ce vous voudrez si vous me laissez vous accompagner jusqu'où vous allez.

— Et vous me quitterez après ?

— Oui.

— Sans m'épier à ma sortie ?

— Non.

— Parole d'honneur ?

— Foi de gentilhomme !

— Prenez mon bras et marchons alors[1].

Certes, on connaît d'autres exemples de longs dialogues inconsistants, par exemple chez Ionesco ou Ivy Compton-Burnett, mais il s'agit de dialogues qui sont inconsistants afin de représenter l'inconsistance. En revanche, dans le cas de Dumas, un amant impatient et une dame qui se hâte pour rencontrer Lord Buckingham et le conduire à la Reine ne devraient pas perdre tant de temps en marivaudage. Ici, nous avons une temporisation fonctionnelle, et nous ne sommes pas loin de la temporisation pornographique.

Cela dit, Dumas était maître dans l'art d'échafauder des temporisations narratives servant à créer ce que j'appellerai le temps du spasme, pour différer la solution dramatique — et en ce sens *le Comte de Monte-Cristo* est un chef-d'œuvre. Aristote, déjà, affirmait que, dans l'action tragique, la catastrophe et

1. *Les Trois Mousquetaires,* Paris, Le Livre de Poche, n° 667, pp. 149-151.

la catharsis finale devaient être précédées de longues péripéties. Il y a un très beau film de John Sturges, *Black day at black rock* (1954), où un vétéran de la seconde guerre mondiale, homme doux au bras gauche paralysé (interprété par Spencer Tracy), débarque dans une ville perdue du Sud à la recherche d'un Japonais, père d'un soldat mort ; il est alors en butte à une persécution quotidienne insoutenable de la part d'une bande de racistes : insoutenable pour lui et le spectateur qui souffre pendant environ une heure à la vue de tant de brimades et d'injustices. À un moment donné, alors qu'il prend un verre dans un bar, Tracy est provoqué par un individu odieux, et soudain, cet homme tranquille exécute un rapide mouvement de son bras valide et frappe avec force son adversaire : la violence du coup envoie valdinguer le « méchant » à travers la pièce et le jette dehors en défonçant la porte. Ce dénouement violent arrive de manière inattendue, mais il a été préparé par une temporisation si douloureuse qu'il acquiert, au cours de l'histoire, la valeur d'une catharsis, et les spectateurs se détendent dans leur fauteuil. Si l'attente avait été plus brève et le spasme moins fort, la catharsis ne se serait pas accomplie aussi pleinement.

L'Italie est l'un de ces pays où les cinémas sont permanents, on y entre à n'importe quel moment, et on reprend au début. C'est à mon avis une bonne habitude, car j'estime qu'un film ressemble à la vie : je suis entré dans la vie alors que mes parents étaient déjà nés et qu'Homère avait déjà écrit *l'Odyssée*, puis j'ai essayé de reconstruire la fabula à rebours — comme je l'ai fait pour *Sylvie* — et j'ai fini par comprendre à peu près ce qui s'était passé dans le monde avant que j'y fasse mon entrée. Eh bien, il me semble bon que l'on en fasse autant avec les films. Le soir où j'ai vu ce film, j'ai constaté qu'après le coup violent de Spencer Tracy — qui n'a pas lieu à la fin du film —, la moitié des spectateurs se levaient et sortaient. Rentrés au début de cette *delectatio morosa*, ils étaient restés pour jouir à nouveau de toutes les phases préparatoires de ce moment de libération. Où l'on voit que le temps du spasme n'a pas pour seule fonction de captiver l'attention du spectateur naïf de premier degré, mais aussi de stimuler la jouissance esthétique du spectateur de second degré.

Je ne voudrais pas que vous croyiez que ces techniques (existant de manière plus évidente dans les récits à effet) appartiennent seulement à la littérature ou aux arts populaires. Voire. Laissez-moi vous donner un exemple de temporisation énorme, dilatée sur des centaines de pages, qui sert à préparer un moment de satisfaction et de joie sans limites, auprès duquel l'assouvissement du spectateur d'un film porno est une bien petite et bien misérable chose. Je parle de *la Divine Comédie* de Dante Alighieri. Et je vous en parle en pensant à son lecteur modèle (que nous devons nous efforcer de devenir), un homme du Moyen Age fermement convaincu que notre pèlerinage terrestre culmine en ce moment suprême qu'est la vision de Dieu.

Or, ce lecteur aborde le poème dantesque comme une œuvre narrative, et Dorothy Sayers avait raison quand, présentant au lecteur anglais le texte en traduction, elle lui recommandait de le lire du début à la fin, en se soumettant à la vigueur de la narration [1].

---

1. Dorothy Sayers, Introduction to *The Divine Comedy,* Harmondsworth, Penguin, 1949-1962, p. 9.

Le lecteur doit avoir conscience d'accomplir une lente exploration des cercles infernaux, au centre de la terre, jusqu'aux flancs du Purgatoire, en poursuivant ensuite au-delà du Paradis terrestre, de sphère en sphère, au-delà des planètes et des étoiles fixes, jusqu'à l'Empyrée, pour atteindre à la contemplation de Dieu dans son essence la plus intime.

Ce voyage n'est autre qu'une longue, une interminable temporisation, au cours de laquelle nous rencontrons des centaines de personnages, nous sommes entraînés dans des dialogues sur la politique, la théologie, l'amour et la mort, nous assistons à des scènes de souffrances, de mélancolie, de joie — souvent nous avons envie de sauter des passages pour accélérer le rythme, mais en les sautant, nous savons bien que le poète avance beaucoup plus lentement, et nous sommes presque tentés de nous retourner et de l'attendre. Et tout cela pour quoi ? Pour en arriver à ce moment où le poète verra quelque chose qu'il est incapable d'exprimer, car « la mémoire plie à tel outrage » :

> Dans son profond je vis comment s'entressent
> d'amours liées en un livre les pages
> qui çà et là par le monde s'effeuillent :
>
> substance, et accident, et ces coutumes
> qui les fondent ensemble, en telle guise
> que mon dire n'est qu'une lueur[1].

Dante affirme qu'il ne réussit pas à exprimer ce

1. « Paradis » XXXIII, v. 85-90, in *Œuvres complètes,* traduit de l'italien par André Pézard, Paris, Gallimard, Collection La Pléiade, 1965.

qu'il a vu (même s'il y est parvenu mieux que quiconque) et indirectement, il demande au lecteur d'essayer de l'imaginer, car pour lui « Ci défaillit ma haute fantaisie ». Le lecteur est satisfait : il attendait ce moment où il se trouverait face à l'Indicible. Pour éprouver cette émotion, il lui fallait auparavant accomplir ce long et lent voyage, au cours duquel il n'a toutefois pas perdu son temps : dans l'attente d'une rencontre qui ne pouvait se résoudre qu'en un éblouissant silence, il a appris certaines choses sur le monde — ce qui est le meilleur sort que la vie puisse réserver à chacun d'entre nous.

Maintes descriptions d'objets, de personnages ou de paysages font partie de la temporisation narrative. Reste à savoir en quoi elles servent à l'histoire. Dans un essai sur l'œuvre de Ian Fleming [1], j'avais noté que l'auteur consacre de longues périodes de ses romans à une partie de golf, une filature en voiture, aux méditations d'une jeune femme au sujet du marin sur le paquet de cigarettes Player's, à la lente progression d'un insecte, alors qu'il liquide en quelques pages voire en quelques lignes les événements les plus dramatiques comme un assaut à Fort Knox ou une lutte avec un requin. J'en ai déduit que ces descriptions ont pour seule fonction de convaincre le lecteur qu'il lit une œuvre d'art, parce qu'on estime que la différence entre « grande » et « basse » littérature tient au fait que la première abonde en descriptions alors que la seconde *cut to the chase.* En outre, Fleming réserve ses descriptions à des actions que le

1. « Les structures narratives chez Fleming », maintenant in *De Superman au Surhomme,* traduit de l'italien par Myriem Bouzaher, Paris, Grasset, 1993.

lecteur a pu, peut ou pourrait accomplir (une partie de cartes, un dîner, un bain turc) alors qu'il résout brièvement ce que le lecteur n'imaginerait jamais de faire, comme s'enfuir d'un château en s'accrochant à un aérostat. S'attarder sur le *déjà-vu* permet au lecteur de s'identifier au personnage et de rêver d'être son alter ego.

Fleming ralentit sur l'inutile et accélère sur l'essentiel, car ralentir sur le superflu a la fonction érotique de la *delectatio morosa* ; d'autre part, il sait que nous savons que les histoires racontées d'un ton haletant sont les plus dramatiques. Manzoni, en bon narrateur du XIXe romantique, utilise fondamentalement (mais en avance) la même stratégie, nous faisant attendre spasmodiquement l'événement à venir. Don Abbondio qui passe les doigts dans son collet et se demande « Que faire ? » est une représentation condensée de la société italienne du XVIIe siècle soumise au joug étranger. La méditation d'une aventurière sur un paquet de Player's ne nous dit quasiment rien sur la culture de notre temps — sinon que la jeune femme est une rêveuse, ou un bas-bleu —, tandis que la temporisation de Manzoni sur l'incertitude de don Abbondio explique beaucoup de choses, non seulement sur l'Italie du XVIIe mais aussi sur celle du XXe.

Par ailleurs, la temporisation descriptive a une autre fonction, celle du temps de l'insinuation. Saint Augustin, subtil lecteur de textes s'il en fut, se demandait pourquoi la Bible se perdait quelquefois en *superfluitates*, en descriptions apparemment inutiles de vêtements, de palais, de parfums ou de bijoux. Était-il possible que Dieu, inspirateur de l'auteur biblique, perdît tant de temps à s'attarder sur la poésie mondaine ? Évidemment non. Si de soudains ralentissements du texte apparaissaient, cela signifiait qu'en ce cas l'Écriture sainte nous avertissait qu'il fallait lire et interpréter cette description comme une allégorie ou un symbole.

Je vous en demande pardon, mais je dois revenir à *Sylvie*. Vous vous rappelez sans doute qu'au chapitre 2, après une nuit sans sommeil passée à évoquer ses jeunes années, le narrateur décide de partir pour Loisy, en pleine nuit. Or, il ignore l'heure qu'il est. Se peut-il qu'un jeune homme riche, bien élevé, amoureux du théâtre, ne possède pas de montre ? Eh bien, il n'en a pas. Plus exactement, il a une pendule, mais elle ne marche pas. Et il met une page à la décrire :

> Au milieu de toutes les splendeurs de bric-à-brac qu'il était d'usage de réunir à cette époque pour restaurer dans sa couleur locale un appartement d'autrefois, brillait d'un éclat rafraîchi une de ces pendules d'écaille de la Renaissance dont le dôme doré surmonté de la figure du Temps est supporté par des cariatides du style Médicis, reposant à leur tour sur des chevaux à demi cabrés. La Diane historique, accoudée sur son cerf, est en bas-relief sous le cadran, où s'étalent sur un fond niellé les chiffres émaillés des heures. Le mouvement, excellent sans doute, n'avait pas été remonté depuis deux siècles. — Ce n'était pas pour savoir l'heure que j'avais acheté cette pendule en Touraine.

Voilà un cas où la temporisation ralentit l'action non tant pour encourager le lecteur à de passionnantes promenades inférentielles, mais pour qu'il s'apprête à entrer dans un monde où la mesure normale du temps importe peu, où les montres sont cassées, ou molles, comme celles de Dalì.

En outre, il y a aussi en *Sylvie* un temps de l'égarement. C'est pourquoi je vous disais à la fin de ma deuxième conférence que, à chaque nouvelle lecture, j'oublie tout ce que j'en sais pour me retrouver perdu dans le labyrinthe du temps. Nerval divague apparemment pendant cinq pages sur les ruines d'Ermenonville en évoquant Rousseau, mais il est indéniable que chacune de ces digressions nous aide à appréhender plus pleinement l'histoire, l'époque, le personnage : et surtout, la divagation et l'atermoiement contribuent à enserrer le lecteur dans cette forêt du temps dont il ne sortira qu'au prix de maints efforts (pour désirer ensuite y revenir encore).

Chose promise, chose due, j'en reviens au chapitre 7 de *Sylvie.* Après deux analepses que nous avons situées dans la fabula, le narrateur arrive à Loisy. Il est quatre heures du matin. Apparemment, il parle de ce soir de 1838 où, adulte, il revenait à Loisy, et il décrit le paysage parcouru par la voiture, en employant le présent. Soudain, il se souvient à nouveau : « C'est par là qu'un soir le frère de Sylvie m'a conduit... » Quel soir ? Avant ou après la seconde fête à Loisy ? Nous ne le saurons jamais, nous n'avons pas à le savoir. Mieux, le narrateur repasse au présent et décrit le lieu de ce soir-là, mais tel qu'il pourrait être encore au moment de son récit, un lieu plein de souvenirs des Médicis, comme la pendule des pages précédentes. Puis il revient à l'imparfait, et Adrienne apparaît — pour la seconde et dernière fois. Son apparition est celle d'une actrice de théâtre, protagoniste d'une représentation sacrée, « transfigurée par son costume, comme elle l'était déjà par sa vocation » monastique. La vision est si imprécise que le narrateur exprime alors un doute qui semble sous-tendre le récit tout entier : « En me retraçant ces détails, j'en suis à me demander s'ils sont réels, ou bien si je les ai rêvés. » Il ne sait si l'apparition d'Adrienne est aussi vraie que l'existence incontestable de l'abbaye de Châalis. Puis, avec un soudain retour au présent : « Ce souvenir est une obsession peut-être ! » La voiture arrive à Loisy, et le narrateur échappe à l'univers du rêve.

Voilà : une longue temporisation pour ne rien dire, rien du moins qui concerne le développement de la fabula. Seulement pour dire que temps, rêve et mémoire peuvent se confondre et que le devoir du lecteur est de se perdre au creux du tourbillon de leur imprécision.

Mais il est aussi possible de s'attarder dans le texte, d'y perdre du temps pour rendre l'espace. L'une des figures de rhétorique la moins bien définie et la moins analysée est l'*hypotypose*. Comment un texte verbal nous met-il quelque chose sous les yeux, nous le donne-t-il à voir ? Je terminerai en montrant qu'on peut rendre la notion d'espace en dilatant, par rapport au temps de la fabula, aussi bien le temps du discours que le temps de la lecture.

Les lecteurs italiens ont toujours été intrigués par le fait qu'au début des *Fiancés*, Manzoni perd tant de temps à décrire le lac de Côme. Passe encore pour Proust qui raconte sur trente pages sa temporisation avant l'endormissement, mais pourquoi Manzoni met-il plus d'une page à nous dire « Il était une fois un lac, et c'est là que commence mon histoire » ?

Si on lisait ce passage avec une carte de géographie sous les yeux, on verrait que la description fonctionne par l'association de deux techniques cinématographiques, le zoom et le ralenti. Ne m'objectez pas qu'un auteur du XIXᵉ ne connaissait pas ces types de procédé : en vérité, ce sont les cinéastes du XXᵉ qui connaissent les techniques de la narrativité du XIXᵉ siècle. C'est comme si la prise avait été tournée d'un hélicoptère en train d'atterrir lentement (ou comme si elle reproduisait la façon dont Dieu promène son regard céleste pour identifier un être humain sur la croûte terrestre). Ce premier mouvement continuel de haut en bas commence par une dimension géographique :

> Ce bras du lac de Côme, qui tourne vers le midi entre deux chaînes ininterrompues de montagnes, tout en golfes et en criques, selon les saillies ou les rentrants de leur relief, en vient à se rétrécir presque d'un seul coup, et à prendre cours et figure de fleuve, entre un promontoire, à droite, et une large côte de l'autre bord ;

Puis la vision abandonne la dimension géographique et prend lentement une dimension topographique, quand on commence à discerner un pont et à distinguer les rives :

> et le pont, qui relie en ces lieux les deux rives, fait encore mieux paraître à l'œil cette transformation, marquant le point où cesse le lac, et où l'Adda recommence son cours, pour reprendre ensuite le nom de lac, à l'endroit où ses rives, s'écartant de nouveau, laissent l'eau s'étendre et s'attarder en nouveaux golfes et en nouvelles criques.

Les deux visions, géographique et topographique, s'effectuent du nord au sud en suivant le cours de formation du fleuve ; ainsi, le mouvement descriptif va du vaste à l'étroit, du lac au fleuve. Et au moment où cela se produit, la page accomplit un autre mouvement, cette fois non de descente du haut géographique vers le bas topographique, mais de la profondeur vers la latéralité : la perspective s'inverse alors, les montagnes sont vues de profil, comme si, enfin, elles étaient regardées par un être humain :

> La côte, formée du dépôt de trois gros torrents, descend en s'appuyant à deux montagnes contiguës. L'une est dite de Saint-Martin, l'autre, le *Resegone*, à la lombarde, nom qu'elle

> tient d'une série de sommets qui se suivent en file, et qui la font vraiment ressembler à une scie ; de sorte qu'au premier regard, pourvu qu'on la voie de face, comme, par exemple, du haut des murs de Milan qui regardent au nord, il n'est personne qui ne la distingue aussitôt à cette marque, parmi cette longue et vaste chaîne, des autres montagnes aux noms obscurs et aux formes plus communes.

Maintenant que la description a pris une échelle humaine, le lecteur distingue les torrents, les coteaux, les vallons, jusqu'au moindre équipement des routes et des sentiers, gravier et cailloux, décrits comme s'ils étaient « arpentés », avec des suggestions non seulement visuelles mais aussi tactiles :

> Un bon morceau de cette côte monte d'abord en pente lente et continue, puis elle se fragmente en coteaux et en vallons, en parois et en replats, selon l'ossature des deux montagnes, et le travail des eaux. Son bord extrême, sculpté par l'embouchure des torrents, n'est pour ainsi dire que pierraille et cailloux ; le reste, champs et vignes, parsemés de bourgades et de villages, de maisons ; çà et là, des bois qui se prolongent jusque sur la montagne. Lecco, qui est la principale de ces bourgades, et qui donne son nom à ce territoire, s'étend non loin du pont, sur la rive du lac ; il se retrouve même en partie dans le lac, quand ce dernier vient à grossir.

Ici, Manzoni accomplit un autre choix : de la géographie, il passe à l'histoire, celle du lieu qu'il vient de décrire. Puis, il en arrivera à la chronique, et sur un de ces sentiers, on croisera enfin don Abbondio se dirigeant vers sa fatale rencontre avec les *braves*.

Manzoni commence à décrire en adoptant le point de vue de Dieu, le grand Géographe, et peu à peu, il prend celui de l'homme, de l'habitant de ce paysage. Toutefois, le fait qu'il délaisse le point de vue divin ne doit pas nous tromper. A la fin du roman — si ce n'est pendant —, le lecteur devrait s'apercevoir que cette histoire n'est pas uniquement celle des hommes, mais également celle de la Providence Divine qui dirige, corrige, sauve, et résout. Le début des *Fiancés* n'est pas un exercice de description paysagère : c'est une façon de préparer tout de suite le lecteur à lire un livre dont le principal protagoniste est quelqu'un qui regarde d'en haut les choses du monde.

Je vous ai dit qu'on pourrait lire cette page en suivant sur une carte d'abord géographique puis topographique. Or c'est inutile : si on lit bien, on se rend compte que Manzoni est en train de *dessiner* la carte, de mettre en scène un espace. En regardant le monde avec les yeux de son créateur, Manzoni lui fait concurrence : il *construit* son monde narratif, en empruntant des aspects du monde réel.

Mais nous parlerons plus longuement (prolepse) de ce procédé lors de ma prochaine conférence.

4

Les bois possibles

Il était une fois… « un roi ! » — diront aussitôt mes gentils auditeurs. Exact, cette fois vous avez deviné. Il était une fois le dernier roi d'Italie, Victor Emmanuel III, envoyé en exil à la fin de la guerre. Ce roi avait la réputation d'être un homme d'une maigre culture humaniste, bien que numismate passionné, préférant les problèmes économiques et militaires. On raconte qu'un jour, invité d'honneur à un vernissage, il parcourait les salles en admirant les tableaux, et arrivé devant un très beau paysage qui représentait une vallée avec un hameau accroché à flanc de colline, il le regarda longuement avant de demander au directeur de l'exposition : « Et combien d'habitants compte ce joli village ? »

Aborder un texte narratif signifie adopter une règle fondamentale : le lecteur passe tacitement un *pacte fictionnel* avec l'auteur, ce que Coleridge appelait « la suspension de l'incrédulité ». Le lecteur doit savoir qu'un récit est une histoire imaginaire, sans penser pour autant que l'auteur dit des mensonges. Simplement, comme l'a dit Searle[1], l'auteur *feint* de faire

1. John Searle, « The Logical Status of Fictional Discourse », *New Literary History* 14, 1975.

une affirmation vraie. Nous acceptons le pacte fictionnel et nous feignons de penser que ce qu'il nous raconte est réellement arrivé.

Ayant fait moi-même l'expérience d'avoir écrit deux romans qui ont touché des millions de lecteurs, je me suis rendu compte d'un phénomène extraordinaire. Jusqu'à quelques dizaines de milliers d'exemplaires (estimation variable d'un pays à l'autre), on touche en général un public connaissant parfaitement le pacte fictionnel. Après, et surtout au-delà du premier million d'exemplaires, on entre dans un no man's land où il n'est pas sûr que les lecteurs soient au courant de ce pacte.

Au chapitre 115 du *Pendule de Foucault*, le personnage Casaubon, dans la nuit du 23 au 24 juin 1984, après avoir assisté à une cérémonie diabolique au Conservatoire des Arts et Métiers de Paris, parcourt, comme possédé, toute la rue Saint-Martin, traverse la rue aux Ours, arrive au Centre Beaubourg puis à l'église Saint-Merri, et sillonne diverses rues avant d'atteindre la Place des Vosges. Je dois avouer que, pour écrire ce chapitre, j'ai à plusieurs reprises fait le parcours de nuit, un magnétophone à la main, afin d'enregistrer ce que je voyais et mes impressions.

Mieux encore. Mon ordinateur étant équipé d'un logiciel capable de dessiner le ciel de n'importe quelle année à n'importe quelle heure, sous n'importe quelles longitude et latitude, je m'étais soucié de savoir si, cette nuit-là, la lune était visible et en quelle position elle se trouvait à des heures différentes. N'allez pas croire que j'aie agi ainsi par souci de réalisme, je ne suis pas Zola. Mais quand je raconte, j'aime avoir sous les yeux les espaces dont je parle : cela me donne une sorte de familiarité avec l'histoire et m'aide à m'identifier à mes personnages.

Après la publication du roman, j'ai reçu la lettre d'un monsieur qui, de toute évidence, était allé à la Bibliothèque Nationale pour éplucher les journaux du 24 juin 1984. Et il avait découvert que, à l'angle de la rue Réaumur (que je n'avais pas nommée mais qui croise effectivement la rue Saint-Merri), après minuit, environ à l'heure où passait Casaubon, il y avait eu un incendie — un incendie assez important, suffisamment pour que les journaux le relatent. Et ce lecteur me demandait comment Casaubon avait fait pour ne pas le voir.

Pour m'amuser, je lui ai répondu que Casaubon avait probablement vu l'incendie, mais qu'il n'avait pas jugé bon de m'en parler, sans doute pour quelque obscure raison, ce qui me semblait tout naturel dans une histoire si dense de mystères, vrais et faux. Je soupçonne cet homme d'en être encore à se demander pourquoi Casaubon a occulté cet incendie, et d'en conclure qu'il doit y avoir là-dessous un autre complot des Templiers.

Et pourtant, ce lecteur — un brin paranoïaque, j'en conviens — n'avait pas tous les torts. Je l'avais amené à croire que mon histoire se déroulait dans le vrai Paris, spécifiant même le jour et l'heure. Si, au cours d'une description aussi minutieuse, je lui avais dit qu'en face du Conservatoire des Arts et Métiers s'élève la Sagrada Familia de Gaudì, il aurait eu raison de s'irriter, car nous sommes à Paris et non à Barcelone. Était-il fondé pour autant à aller chercher un incendie ayant eu lieu cette nuit-là à Paris, mais qui n'existait pas dans mon roman ?

A mon avis, il a exagéré en voulant qu'une histoire

imaginaire coïncide exactement avec le monde réel auquel elle se réfère, mais le problème n'est pas aussi simple que cela. Avant de blâmer ce lecteur, voyons jusqu'à quel point était condamnable le roi Victor Emmanuel III.

Quand on entre au bois de la narration, on nous demande de signer un pacte fictionnel avec l'auteur, et nous sommes disposés à nous attendre à ce que les loups parlent ; mais quand le Petit Chaperon Rouge est dévoré par le loup, nous le croyons mort (une certitude capitale pour vivre la catharsis finale et éprouver l'extraordinaire plaisir de la résurrection). Nous imaginons le loup poilu avec de grandes oreilles, à peu près comme les vrais loups des bois, et il nous semble naturel que le Petit Chaperon Rouge se comporte en enfant, et sa mère en adulte, soucieuse et responsable. Pourquoi ? Parce que cela se passe dans le monde de notre expérience, un monde que, pour l'instant, sans trop nous engager d'un point de vue ontologique, nous appellerons monde réel.

Ce que je dis là peut paraître évident, mais ça ne l'est pas si l'on s'en tient au strict dogme de la suspension de l'incrédulité. Apparemment, en lisant des fictions, nous suspendons notre incrédulité pour certaines choses et pas pour d'autres. Et puisque, nous le verrons, les limites entre ce qu'il faut croire et ne pas croire sont très ambiguës, comment accabler ce pauvre Victor Emmanuel III ? Si Victor Emmanuel ne devait admirer de ce tableau que les qualités esthétiques, les couleurs, la sûreté de la perspective, il avait tort de s'enquérir des villageois. Mais s'il y était entré comme on entre dans un monde narratif, en rêvant de sillonner ses collines, pourquoi ne pas se demander s'il allait rencontrer des gens au village et dénicher une auberge tranquille ? Si le tableau était, ainsi que je l'imagine, réaliste, pourquoi penser qu'il trouverait un lieu désert, ou cauchemardesque comme un village de Lovecraft ? Tel est, au fond, le charme de toute narration, qu'elle soit verbale ou visuelle : elle nous enferme en ses frontières et nous induit, en quelque sorte, à la prendre au sérieux.

A la fin de la conférence précédente, nous nous sommes quittés en disant que Manzoni, en décrivant le lac de Côme, construisait un monde. Pourtant, il empruntait les caractéristiques géographiques au monde réel. Vous pourriez m'objecter que cela se produit uniquement avec un roman historique, or nous avons vu que c'est possible aussi avec une fable, à ceci près que les proportions entre réalité et invention changent.

> En se réveillant un matin après des rêves agités, Gregor Samsa se retrouva, dans son lit, métamorphosé en un monstrueux insecte[1].

Un beau début pour une histoire à n'en pas douter fantastique. Soit on y croit, soit il vaut mieux jeter au panier *la Métamorphose* de Kafka. Mais poursuivons notre lecture :

> Il était sur le dos, un dos aussi dur qu'une carapace, et, en relevant un peu la tête, il vit, bombé, cloisonné par des arceaux plus rigides, son abdomen sur le haut duquel la couverture, prête à glisser tout à fait, ne tenait plus qu'à

1. Cette citation et les suivantes sont tirées de Franz Kafka, *la Métamorphose, op. cit.*, pp. 23-24.

> peine. Ses nombreuses pattes, lamentablement grêles par comparaison avec la corpulence qu'il avait par ailleurs, grouillaient désespérément sous ses yeux.

Cette description semble accroître l'incrédibilité de l'événement, alors qu'elle la réduit au contraire à des dimensions acceptables. Se réveiller transformé en insecte est un fait extraordinaire, mais s'il en est ainsi, l'insecte devra avoir la nature de ceux que nous connaissons. Ces quelques lignes de Kafka sont un exemple non pas de surréalisme, mais bien de réalisme. La seule chose à ne pas oublier, c'est que cet insecte très normal est « monstrueux », élément capital quant au pacte fictionnel. Gregor lui-même n'en croit pas ses yeux : « Qu'est-ce qui m'est arrivé ? » se demande-t-il, comme nous le ferions en un cas analogue. Si nous poursuivons notre lecture, nous trouvons une description non pas fantastique, mais absolument réaliste :

> Ce n'était pas un rêve. Sa chambre, une vraie chambre humaine, juste un peu trop petite, était là tranquille entre les quatre murs qu'il connaissait bien.

Et la description continue, nous montrant une chambre pareille à celles que nous connaissons. Plus loin, nous trouverons absurde que les parents et la sœur de Gregor acceptent sans trop se poser de questions la métamorphose d'un membre de la famille, mais leur réaction face à ce monstre est celle de tout habitant du monde réel : ils sont terrorisés, dégoûtés, bouleversés. Bref, pour construire un monde absurde, Kafka a besoin de l'insérer sur fond de monde réel. Si Gregor croisait dans sa chambre un loup parlant et qu'ils décident d'aller ensemble prendre le thé chez le Chapelier et le Lièvre de Mars, nous aurions une autre histoire (laquelle aurait aussi pour toile de fond maints aspects du monde réel).

Mais voyons ce qu'il en est dans un monde encore moins vraisemblable que celui de Kafka, celui qu'Edwin Abbott nous décrit dans *Flatland* par la bouche d'un de ses habitants :

> Imaginez une immense feuille de papier sur laquelle des Lignes droites, des Triangles, des Carrés, des Pentagones, des Hexagones et d'autres Figures, au lieu de rester fixes à leur place, se déplacent librement, sur ou à la surface, mais sans avoir la faculté de s'élever au-dessus ou de s'enfoncer au-dessous de cette surface, tout à fait comme des ombres — à cela près qu'elles sont dures et ont des bords lumineux — et vous aurez une idée assez exacte de mon pays et de mes compatriotes.

Si nous voyions ce monde bidimensionnel d'en haut, comme on regarde un manuel de géométrie euclidienne, nous serions en mesure de reconnaître les figures. Mais à Flatland, le haut n'existe pas, étant un concept qui requiert cette troisième dimension ignorée des habitants. C'est pourquoi ils ne se reconnaissent pas à la vue.

> Nous ne pouvons percevoir rien de tel, au moins avec une netteté suffisante pour nous permettre de distinguer une Figure d'une autre. Nous ne voyons, nous ne pouvons voir que des Lignes Droites [...]

Au cas où le lecteur trouverait cette situation invraisemblable, Abbott s'empresse d'en montrer la possibilité en termes de notre expérience du monde réel :

> Pendant mon séjour à Spaceland, j'ai ouï dire que vos marins connaissaient des expériences très semblables lorsqu'ils traversaient vos océans et discernaient à l'horizon quelque île ou rivage éloigné. Des baies, des promontoires, des angles nombreux et de toutes dimensions peuvent découper cette terre lointaine ; à une certaine distance, néanmoins, vous n'en voyez rien [...], rien qu'une ligne uniforme et grisâtre sur la mer[1].

D'un fait apparemment impossible, Abbott déduit les conditions de possibilité par analogie avec ce qui est possible dans le monde réel. Les différences de forme constituant à Flatland des différences de sexe ou de caste, les habitants sont donc obligés de savoir distinguer un triangle d'un pentagone ; et Abbott, avec une grande ingéniosité, nous montre comment les classes inférieures reconnaissent les autres à la voix ou au toucher (« 5. De nos méthodes pour nous reconnaître réciproquement »), tandis que les classes supérieures reconnaissent par la vue grâce à un aspect providentiel de ce monde, toujours envahi de brouillard : ainsi, après Nerval, nous rencontrons un autre effet de brume, sauf qu'il ne fait pas partie du discours mais de la fabula, c'est-à-dire des caractéristiques de Flatland :

> Si le Brouillard n'existait pas, toutes les Lignes nous paraîtraient également claires et impossibles à distinguer les unes des autres [...]. Mais là où le Brouillard est abondant, les objets qui se trouvent à une distance de trois pieds, par exemple, sont sensiblement plus obscurs que ceux dont deux pieds onze pouces nous séparent, et le résultat en est qu'une

1. « De la nature de Flatland », in *Flatland,* traduit de l'anglais par Élisabeth Gilles, Paris, Denoël, 1968, pp. 19-22.

> observation expérimentale attentive et constante de l'obscurité et de la clarté comparées nous permet de déduire avec une grande exactitude la configuration de l'objet observé[1].

Afin d'accroître la vraisemblance du procédé, Abbott dessine divers corps réguliers, avec des calculs géométriques précis, pour démontrer que, si l'on rencontre un triangle, il est évident qu'on en perçoit le sommet — plus brillant parce que plus proche de l'observateur — tandis que les lignes des côtés s'estompent peu à peu. Toute l'expérience géométrique acquise dans le monde réel est convoquée ici pour rendre possible ce monde irréel.

Disons que, si invraisemblable soit-il, le monde d'Abbott reste un monde géométriquement et perceptiblement possible — comme, au fond, il eût été physiologiquement possible que, par un accident dans l'évolution de l'espèce, il existe un jour des loups dotés d'organes phonatoires et d'un cerveau leur donnant l'usage de la parole. Mais on a aussi analysé des cas de *self-voiding fiction* (ou de « narrativité autocontradictoire »), c'est-à-dire de textes narratifs qui montrent, qui exhibent leur propre impossibilité. A la différence de Flatland, dans ces mondes

> des entités possibles semblent être amenées à l'existence fictionnelle par l'application de processus conventionnels d'authentification ; mais leur statut ontologique reste incertain car les fondements mêmes du mécanisme d'authentification sont minés à la base [...] Le texte de Robbe-Grillet *[la Maison de rendez-vous]* construit sans aucun doute un monde impossible, un enchevêtrement de contradictions d'ordres

1. « De la méthode visuelle en tant que moyen de Connaissance », *op. cit.*, p. 52.

> différents où : (a) le même événement est introduit sous diverses versions en conflit mutuel ; (b) le même lieu (Hong Kong) est et n'est pas le lieu où se déroule l'histoire ; (c) les événements sont organisés en séquences temporelles contradictoires (A précède B et B précède A) ; (d) une même entité fictive revient sous divers modes d'existence (comme réalité narrative, exécution théâtrale, sculpture, peinture, etc. [1]).

Certains auteurs ont proposé comme métaphore visuelle d'une narrativité autocontradictoire la célèbre image reproduite à la *Figure 11,* laquelle, à première vue, engendre à la fois l'illusion d'un univers cohérent et la sensation de quelque chose d'inexplicablement impossible ; une lecture de second degré (pour bien « lire » cette figure, il faut essayer de la dessiner) montre comment et pourquoi elle est bidimensionnellement possible mais tridimensionnellement absurde.

Toutefois, même en ce cas, l'impossibilité d'un univers où une telle figure pourrait exister, vient de ce que nous le voulons régi par les lois de la géométrie des solides comme le monde réel. Si ces lois sont en vigueur dans cet univers, la figure est impossible. Pourtant, elle n'est pas géométriquement impossible, la preuve en étant qu'on peut la dessiner sur une surface plane. En vérité, nous sommes induits en erreur quand nous voulons plaquer sur elle non

---

1. Lubomir Doležel, « Possible Worlds and Literary Fiction » in Sture Allen éd., *Possible Worlds in Humanities, Arts and Sciences,* Proceedings of Nobel Symposium 65, Berlin, De Gruyter, 1989, p. 239. Je dois à divers participants de la troisième session de ce symposium une série de suggestions qui ont inspiré certaines considérations paraissant ici. Je remercie en particulier Arthur Danto, Thomas Pavel, Ulf Linde, Gérard Regnier et Samuel R. Levin.

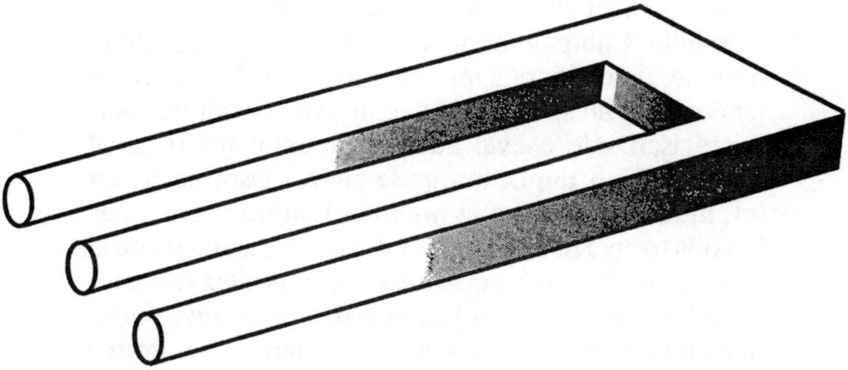

Figure 11

seulement les règles de la géométrie plane, mais aussi celles que nous appliquons pour représenter la perspective dans une troisième dimension virtuelle. Cette figure serait possible à Flatland ainsi que dans notre monde, si tout simplement nous n'entendions pas les parties grisées comme la figuration des ombres dans une structure tridimensionnelle. Ainsi donc, même le monde le plus impossible, pour être tel, doit avoir pour fond ce qui est possible dans le monde réel.

Cela signifie que les mondes narratifs sont des parasites du monde réel. Il n'existe aucune loi prescrivant le nombre des éléments fictionnels acceptables, et il y a même une grande souplesse à ce sujet — des formes telles que la fable nous amènent sans cesse à accepter des corrections de notre connaissance du monde réel. Mais tout ce que le texte ne nomme ou ne décrit pas expressément comme étant différent du monde réel, doit être sous-entendu comme correspondant aux lois et aux situations du monde réel.

Essayez de vous rappeler deux exemples cités au début de ce cycle de conférences, où il était question d'un fiacre et d'un cheval. Le premier, un passage d'Achille Campanile, nous a fait rire parce qu'un homme, demandant à un cocher de venir le prendre le lendemain, lui spécifiait de venir avec la voiture, puis il précisait « le cheval aussi ». Nous avons ri car il nous semblait implicite que le cheval fasse partie du lot, même s'il n'était pas nommé. L'autre fiacre, nous l'avons trouvé dans *Sylvie,* et il emporte au cours de la nuit notre narrateur vers Loisy. Si vous allez relire les pages concernant ce voyage (mais vous pouvez vous fier au contrôle textuel que j'en ai fait), vous verrez que le cheval n'est jamais nommé. Est-il possible que, puisqu'il n'est jamais nommé, ce cheval n'existe pas dans *Sylvie*? Eh bien, si, il existe : en lisant, vous imaginez son trot nocturne qui impose un mouvement cahotant au fiacre, et c'est sous l'influence physique de ce doux balancement que le narrateur, comme s'il écoutait une berceuse, recommence à rêver.

Mais supposons que nous soyons des lecteurs dotés d'une piètre imagination : nous lisons Nerval sans penser au cheval. Supposons maintenant que, arrivé à Loisy, le narrateur ait dit : « Je descendis de la voiture et m'aperçus que, depuis notre départ de Paris, elle n'avait été tirée par aucun cheval... » Tout lecteur sensible aurait un mouvement de surprise, et s'empresserait de relire le livre depuis le début, parce qu'il s'était préparé à une histoire de sentiments délicats et impalpables, dans le plus bel esprit romantique, et il se retrouvait au beau milieu d'une Gothic Novel. Autre éventualité : en guise de cheval, le fiacre était tiré par des souriceaux, et le lecteur avait alors affaire à une variante romantique de *Cendrillon.*

Bref, ce cheval existe dans *Sylvie.* Il existe au sens où il n'est pas nécessaire de dire qu'il existe, tandis qu'il serait impossible de dire qu'il n'existe pas.

Les romans de Rex Stout se passent à New York, et le lecteur accepte qu'il y ait des personnages nommés Nero Wolfe, Archie Goodwin, Fritz ou Saul Panzer. Il accepte également que Wolfe habite une maison en grès sur la Trente-cinquième rue ouest, près de l'Hudson. Il pourrait aller vérifier si elle existe ou existait à l'époque où Stout situe ses histoires, mais en général il ne le fait pas. Je dis en général car nous savons pertinemment qu'il se trouvera toujours des gens pour arpenter Baker Street, en quête de la maison de Sherlock Holmes ; moi-même, je suis de ceux qui sont allés chercher à Dublin la maison de Eccles Street où aurait dû habiter Leopold Bloom. Mais ce sont là des épisodes de fanatisme littéraire, un divertissement innocent, parfois émouvant, différent cependant de la lecture des textes : pour être un bon lecteur de Joyce, il n'est pas nécessaire de célébrer le Bloomsday sur les rives du Liffey.

Cela dit, si nous acceptons que la maison de Wolfe se situe là où elle n'est et n'était pas, nous n'accepterions pas en revanche qu'Archie Goodwin prenne un taxi sur la Cinquième Avenue et demande au chauffeur de le déposer à Alexanderplatz, parce que — Döblin nous l'a enseigné — Alexanderplatz se trouve à Berlin. Et si Archie, au sortir de chez Nero Wolfe (West 35th Street), tournait à l'angle de la rue et se retrouvait aussitôt à Wall Street, nous serions fondés à penser que Stout a changé de genre narratif, entendant nous parler désormais d'un monde semblable à celui du *Procès* de Kafka, où K entre dans un immeuble à un endroit de la ville et en ressort à un autre endroit. Mais l'histoire de Kafka nous demande d'accepter d'évoluer dans un monde non euclidien, mobile et élastique, comme si on habitait sur un immense chewing-gum que quelqu'un serait en train de mâcher.

Il semble donc que le lecteur ait à connaître trop de choses du monde réel pour pouvoir l'assumer comme toile de fond d'un monde fictif. S'il en était ainsi, un univers narratif serait une étrange terre : d'un côté, puisqu'il ne nous raconte l'histoire que de certains personnages, généralement en un lieu et temps définis, il devrait apparaître comme un petit monde, infiniment plus limité que le monde réel ; mais d'un autre côté, puisqu'il contient le monde réel pour toile de fond, n'y ajoutant que quelques individus, quelques propriétés et quelques événements, il est plus vaste que le monde de notre expérience. En un sens, un univers fictionnel ne s'achève pas avec l'histoire qu'il raconte, il s'étend à l'infini.

En réalité, les mondes fictionnels sont, bien sûr, des parasites du monde réel, mais ils mettent entre parenthèses la plupart des choses que nous savons sur lui, nous permettant de nous concentrer sur un monde fini et fermé, très semblable au nôtre, mais plus pauvre.

Et comme on ne peut sortir de ses limites, on est amené à l'explorer en profondeur. C'est pourquoi *Sylvie* semble si magique : certes, le texte requiert que nous en sachions un peu sur Paris et les Valois, voire sur Rousseau et les Médicis, puisqu'ils sont nommés, mais surtout, il nous demande de nous promener à l'intérieur de ses frontières sans trop nous interroger sur le reste de l'univers. En lisant *Sylvie,* nous ne pouvons exclure que dans cette histoire il y ait un cheval, mais personne ne nous demande d'être calés en chevaux. En revanche, on nous demande d'apprendre quelque chose de nouveau sur les bois de Loisy.

Dans un de mes anciens essais[1], j'ai dit que nous connaissions mieux Julien Sorel que notre propre père : en effet, à propos de notre père, il nous manquera toujours une foule d'aspects incompris, de pensées non révélées, d'actions non motivées, d'affections non dites, de secrets bien gardés, de souvenirs et de péripéties de son enfance, tandis que nous savons tout ce qu'il faut savoir sur un personnage narratif. A l'époque où j'écrivais ces lignes, mon père était encore vivant. J'ai compris par la suite combien j'aurais voulu en savoir davantage à son sujet, et je me suis retrouvé tout seul à tirer de pâles inférences de souvenirs fanés. Au contraire, sur Julien Sorel, on me dit tout ce qui est nécessaire pour comprendre son histoire et celle de sa génération, et chaque fois que je relis *le Rouge et le Noir,* j'en apprends plus sur lui. Ce qu'on ne me dit pas (par exemple, quel premier jouet il a eu ou bien si, à l'instar du narrateur de Proust, il se retournait au creux de son lit en attendant le baiser de sa mère) n'a aucune importance.

(Soit dit en passant, il arrive qu'un narrateur en dise trop — même ce qui est négligeable pour l'histoire. Au début de ma première conférence, j'ai cité avec condescendance la pauvre Carolina Invernizio, qui écrivait qu'à la gare de Turin « deux trains express se croisaient : l'un au départ, l'autre à l'arrivée ». Sa description semblait stupidement redon-

1. Umberto Eco, « L'uso pratico del personaggio artistico », in *Apocalittici e integrati,* Milan, Bompiani, 1964.

dante. Mais, à y bien songer, la remarque est moins redondante qu'il n'y paraît. Où deux trains qui se croisent ne repartent-ils pas tous deux après être arrivés ? Dans une gare terminus. Carolina nous disait implicitement que la gare de Turin est ce qu'elle est, un terminus. Toutefois, nous sommes fondés à penser que son information, si elle n'était pas sémantiquement redondante, se révélait narrativement inutile, puisque ce détail n'est pas essentiel au déroulement du récit, la suite des événements n'étant pas déterminée par la nature de la gare turinoise.)

Je vous ai parlé également de ce lecteur qui cherchait dans les journaux parisiens un incendie que mon livre ne relatait pas. Cet homme n'acceptait pas l'idée qu'un univers narratif ait un format plus modeste que l'univers réel. Laissez-moi vous raconter une autre histoire sur cette même nuit.

Il y a quelques mois, deux étudiants de l'École des Beaux-Arts de Paris sont venus me montrer un album photos où ils avaient reconstruit le trajet de mon personnage, en allant photographier les lieux que je citais, un par un, aux mêmes heures de la nuit. Plus encore : étant donné qu'à la fin du chapitre 114, j'écris que Casaubon émerge des égouts et entre par la cave dans un bar oriental pleins de clients en sueur, de brochettes grasses et de bocks de bière, ils ont photographié l'intérieur de ce bar. Or ce bar, je ne le connaissais pas, je l'ai inventé en songeant aux nombreux bars de ce genre qu'on trouve dans cette zone ; indubitablement, ces deux garçons ont découvert le bar que décrit mon livre. Mais attention : ils ne superposaient pas à leur devoir de lecteur modèle une préoccupation de lecteur empirique désirant vérifier si mon roman décrivait bien le vrai Paris. Au contraire : ils voulaient transformer Paris, le vrai, en un lieu de mon roman, et effectivement — de tout ce qu'ils pouvaient trouver en cette ville —, ils n'ont choisi que les aspects correspondant à mes descriptions.

Ces garçons ont utilisé un roman pour conférer une forme à ce vaste univers informe qu'est le vrai Paris. Ils ont fait exactement le contraire de ce qu'avait tenté Perec, quand il avait essayé de représenter tout ce qui s'était passé place Saint-Sulpice durant deux jours. Paris est beaucoup plus complexe que le milieu décrit par Perec ou mon livre. Mais se promener dans un monde narratif a la même fonction que le jeu pour un enfant. Les gamins jouent avec des chevaux de bois, des poupées ou des cerfs-volants, afin de se familiariser avec les lois physiques et les actions qu'ils devront un jour accomplir vraiment. De la même manière, lire un récit signifie jouer à un jeu par lequel on apprend à donner du sens à l'immensité des choses qui se sont produites, se produisent et se produiront dans le monde réel. En lisant des romans, nous fuyons l'angoisse qui nous saisit lorsque nous essayons de dire quelque chose de vrai sur le monde réel.

Telle est la fonction thérapeutique de la narrativité et la raison pour laquelle les hommes, depuis l'aube de l'humanité, racontent des histoires. Ce qui est d'ailleurs la fonction des mythes : donner forme au désordre de l'expérience.

Cependant, tout n'est pas aussi simple que cela. Jusqu'à présent, mon discours a été dominé par le spectre de la Vérité, qui n'est pas chose à traiter à la légère. Nous pensons savoir assez bien ce que signifie dire qu'une assertion est vraie dans le monde réel. Il est vrai qu'aujourd'hui c'est mercredi, qu'Alexanderplatz est à Berlin, que Napoléon est mort le 5 mai 1821. A partir de ce concept de vérité, on a beaucoup débattu sur ce que signifie dire qu'une assertion est vraie dans un monde narratif. La réponse la plus raisonnable est qu'elle est vraie dans le cadre du Monde Possible de cette histoire donnée. Il n'est pas vrai que, dans le monde réel, un individu nommé Hamlet ait vécu, mais si, à l'examen de littérature anglaise, un étudiant affirmait qu'à la fin de la tragédie shakespearienne Hamlet épouse Ophélie, nous lui expliquerions qu'il a dit quelque chose de faux. Il serait vrai, dans le monde possible de *Hamlet,* que Hamlet n'épouse pas Ophélie, tout comme il est vrai, dans le monde possible de *Autant en emporte le vent,* que Scarlett O'Hara épouse Rhett Butler.

Sommes-nous sûrs que, dans le monde réel, notre notion de vérité soit aussi clairement définie ?

On pense généralement que la connaissance du monde réel nous vient de l'expérience : si je sais qu'aujourd'hui on est le mercredi 14 avril 1993 et que je porte une cravate bleue, cela dépend de l'expérience. Et pourtant, la date d'aujourd'hui n'est vraie que dans le cadre du calendrier grégorien, le bleu de ma cravate dépend de la façon dont notre culture subdivise le spectre des couleurs (nous savons que chez les Grecs et les Latins, les limites entre le bleu et le vert étaient assez différentes des nôtres). Ici, à Harvard, vous pourriez demander à Willard Van Orman Quine à quel point nos notions de vérité sont déterminées par un système « holistique » d'assomptions, à Nelson Goodman combien sont nombreuses et variées les « *ways of worldmaking* » et à Thomas Kuhn ce que signifie être vrai par rapport à un paradigme scientifique. J'espère qu'ils admettraient que le mariage de Scarlett avec Rhett est vrai dans l'univers du discours de *Autant en emporte le vent,* autant que le bleu de ma cravate est vrai dans l'univers du discours d'une certaine *Farbenlehre.*

Je n'entends pas jouer au sceptique métaphysique ni au solipsiste (il paraît que le monde regorge de solipsistes). Je sais très bien qu'il est des choses que nous connaissons par expérience directe, et si l'un d'entre vous m'annonçait qu'un tatou se glisse derrière moi, je me retournerais d'un seul coup pour vérifier si l'information est vraie ou fausse — et nous conviendrions tous que dans cette salle il n'y a pas de tatous (du moins si nous partageons les termes d'une taxinomie zoologique socialement acceptée). Cela dit, notre rapport avec la vérité est en général beaucoup plus complexe. Nous sommes d'accord sur le fait qu'il n'y a pas de tatous dans cette salle, mais au bout d'une heure cette vérité deviendra un peu plus discutable. Ainsi, lorsque ces conférences seront publiées, le lecteur acceptera l'idée qu'aujourd'hui dans cette salle il n'y a pas de tatous, en se fondant non sur son expérience mais sur la conviction que je suis une personne digne de foi ayant relaté « sérieusement » ce qui s'est produit ici le 14 avril 1993.

Nous pensons que le principe de Vérité *(Truth)* vaut dans le monde réel, et le principe de Confiance *(Trust)* dans les mondes narratifs. Eh bien, même dans le monde réel, le principe de Confiance est aussi important que le principe de Vérité.

Ce n'est pas par expérience que je connais la date de la mort de Napoléon. Voire. Si je devais m'en tenir à mon expérience, je ne pourrais même pas parler de son existence (quelqu'un a consacré un ouvrage à démontrer que c'était un mythe solaire) ; ce n'est pas par expérience que je sais qu'il existe une ville nommée Hong Kong, ni que la première bombe atomique fonctionnait par fission et non par fusion —

en vérité, je ne suis pas sûr de bien savoir comment fonctionne la fusion atomique. Ainsi que nous l'enseigne Putnam [1], il existe une division sociale du travail linguistique, qui est en fait une division sociale du savoir, par laquelle je délègue à d'autres les neuf dixièmes de connaissance du monde réel, me réservant un dixième de connaissance directe. Dans deux mois, je dois aller vraiment à Hong Kong : eh bien, je vais acheter mon billet, sûr et certain que l'avion atterrira en un endroit appelé Hong Kong. Ce faisant, je réussis à vivre dans le monde réel sans me comporter névrotiquement. J'ai appris que pour beaucoup de choses, j'ai déjà pu me fier à la science d'autrui, je réserve mes doutes à quelques secteurs spécialisés du savoir, et quant au reste, je fais confiance à l'Encyclopédie. J'entends par Encyclopédie un savoir maximal, dont je possède une petite partie, mais auquel je pourrais éventuellement accéder parce qu'il constitue une sorte d'immense bibliothèque comportant toutes les encyclopédies, tous les livres du monde, toutes les collections de journaux ou de documents manuscrits de tous les siècles, jusqu'aux hiéroglyphes des pyramides et aux inscriptions en caractères cunéiformes.

L'expérience, ainsi qu'une série d'actes de confiance envers la communauté humaine, m'ont convaincu que ce que l'Encyclopédie Maximale décrit (souvent avec quelque contradiction) représente une image satisfaisante de ce que j'appelle le monde réel. Mais surtout, la façon dont nous acceptons la repré-

---

1. Hilary Putnam, *Representation and Reality,* Cambridge, MIT Press, 1988, pp. 22 et suiv. ; traduit de l'anglais par Claudine Engel-Tiercelin, *Représentation et réalité,* Paris, Gallimard, 1990.

sentation du monde réel n'est pas différente de la façon dont nous acceptons la représentation du monde possible d'un livre de fiction. Je feins de savoir que Scarlett a épousé Rhett, tout comme je feins de savoir que Napoléon a épousé Joséphine. La différence réside évidemment dans le degré de confiance : celle que j'accorde à Margaret Mitchell est différente de celle que j'accorde aux historiens. J'accepte que les loups parlent uniquement quand je lis une fable, et pour le reste, j'agis comme si les loups étaient ceux décrits par les zoologistes. Je n'entends pas analyser les raisons pour lesquelles nous nous fions davantage aux zoologistes qu'à Perrault. Ces raisons existent et elles sont très sérieuses. Mais dire qu'elles sont sérieuses ne signifie pas dire qu'elles sont claires. Loin de là. Les raisons pour lesquelles je crois les historiens quand ils affirment que Napoléon est mort en 1821 sont beaucoup plus compliquées que celles pour lesquelles je crois que Scarlett a épousé Rhett.

Dans *les Trois Mousquetaires,* Buckingham est poignardé par un de ses officiers, un certain Felton, et, autant que je sache, c'est une information historique. Dans *Vingt ans après,* Athos poignarde Mordaunt, le fils de Milady, et il s'agit bien sûr d'une vérité fictionnelle. Le coup de poignard d'Athos à Mordaunt restera une vérité indiscutable tant qu'il existera un seul exemplaire de *Vingt ans après,* et même si, à l'avenir, on inventait une méthode interprétative post-déconstructionniste. En revanche, tout historien sérieux doit se sentir prêt à renoncer à l'idée que Buckingham a été tué par un de ses officiers s'il découvrait de nouveaux documents aux archives britanniques. En ce cas, le fait que Felton ait poignardé Buckingham deviendrait historiquement faux ; il n'empêche que cela restera narrativement vrai (dans le monde des *Trois Mousquetaires*).

Outre certaines autres raisons esthétiques — très importantes —, je pense que nous lisons des romans parce qu'ils nous donnent le sentiment confortable de vivre dans un monde où la notion de vérité ne peut être remise en question, alors que le monde réel semble être beaucoup plus insidieux. Ce « privilège aléthique » des mondes narratifs nous aide même à mettre au jour quelques paramètres pour savoir si la lecture d'un texte narratif franchit ce que j'ai appelé ailleurs « les limites de l'interprétation ».

Le Petit Chaperon Rouge a suscité d'innombrables interprétations, anthropologique, psychanalytique, mythologique, féministe, etc., entre autres choses parce que l'histoire a connu plusieurs versions et que le texte des frères Grimm contient des éléments n'existant pas dans celui de Perrault, et *vice versa.* Vous pensez bien que l'interprétation alchimiste ne pouvait manquer à l'appel. Quelqu'un [1] a voulu prouver que la fable se réfère aux processus d'extraction et de traitement des minéraux, et (après avoir traduit la fable en formules chimiques) il a identifié le Petit Chaperon Rouge au cinabre, rouge comme son capuchon ; comme le cinabre est du sulfure de mercure, la fillette recèle le mercure à l'état pur, lequel doit être séparé du soufre. Ce n'est pas un hasard si la mère dit à l'enfant de ne pas aller fureter dans tous les coins, car le mercure est vif et mobile. Le loup est mis pour le chlorure mercureux connu sous le nom de calomel (et calomel en grec signifie « beau noir »). Le

1. Giuseppe Sermonti, *Le fiabe del sottosuolo,* Milan, Rusconi, 1989.

ventre du loup représente le four alchimique où se produit la combustion du cinabre et sa transformation en mercure. Valentina Pisanty[1] a opposé à cela une observation toute simple : si à la fin le Petit Chaperon Rouge n'est plus le cinabre mais le mercure à l'état pur, comment se fait-il qu'au sortir du ventre du loup, il ait toujours son capuchon rouge ? Aucune version ne montre la fillette sortant avec un capuchon couleur argent. Donc, la fable ne soutient pas cette interprétation.

Le lecteur peut inférer des textes ce qu'ils ne disent pas explicitement (la coopération interprétative est basée sur ce principe), mais il ne peut faire dire aux textes le contraire de ce qu'ils ont dit. Impossible d'ignorer qu'à la fin, le Petit Chaperon Rouge a toujours son capuchon rouge, et c'est justement cette donnée textuelle qui dispense le lecteur modèle d'avoir à connaître aussi la formule du cinabre.

Peut-on afficher le même degré de certitude en parlant de vérité du monde réel ? Nous sommes sûrs qu'il n'y a pas de tatou dans cette salle comme nous sommes sûrs que Scarlett a épousé Rhett Butler. Mais pour maintes autres vérités, nous nous en remettons à la bonne — voire à la mauvaise — foi de nos informateurs. En termes épistémologiques, nous ne pouvons être sûrs que les Américains aient débarqué sur la Lune (quand nous sommes certains que Guy l'Éclair est allé sur la planète Mongo). Essayons d'être sceptiques et légèrement paranoïaques nous aussi : se pourrait-il qu'un groupuscule de conspirateurs (appartenant au Pentagone et aux réseaux de

1. Valentina Pisanty, *Leggere la fiaba*, Milan, Bompiani, 1993, pp. 97 et suiv.

communication) ait organisé une Grande Falsification ? Et nous tous, en suivant l'aventure à la télé, nous avons accordé un crédit à ces images qui parlaient d'un homme sur la Lune.

Toutefois, il existe une raison nous permettant de croire à l'alunissage des Américains : les Russes n'ont ni protesté ni dénoncé l'imposture. Ils avaient tout loisir de vérifier puis de prouver qu'il s'agissait d'une escroquerie, et toutes les bonnes raisons de le faire, s'ils en avaient eu la moindre opportunité. Ils ne l'ont pas fait, et c'est suffisant pour se fier à eux. Les Américains sont donc allés sur la Lune. Mais vous voyez combien le départ entre le vrai et le faux dans le monde réel implique de choix, nombreux et difficiles quant au degré de confiance à accorder à la communauté ; de la même manière, je dois décider quelles portions de l'Encyclopédie Globale accepter, et lesquelles refuser.

Avec les vérités valables dans les mondes fictionnels, les choses semblent beaucoup plus simples. Et pourtant, un monde fictionnel peut se révéler aussi peu fiable que le monde réel. Ce serait un environnement confortable s'il traitait uniquement d'entités fictives. En ce cas, Scarlett O'Hara ne présenterait aucun problème pour personne, parce que le fait qu'elle ait vécu à Tara est plus facilement contrôlable que le fait que les Américains soient allés sur la Lune.

Mais, nous l'avons vu, tout univers narratif se fonde de façon plus ou moins parasitaire sur l'univers réel qui lui sert de toile de fond. Je n'aborderai pas le problème du lecteur plaquant sur le monde narratif des informations erronées quant au monde réel : il ne se comporterait pas en lecteur modèle, et les conséquences de son erreur resteraient une affaire privée. Si quelqu'un lit *Guerre et Paix* en croyant qu'à l'époque la Russie était communiste, il ne comprendra quasiment rien aux aventures de Natacha et Pierre Bézoukhov. Mais, on l'a vu, le profil du lecteur modèle est dessiné par le (et dans le) texte. Bien entendu, si Tolstoï ne se sentait pas tenu d'informer ses lecteurs que ce n'était pas l'Armée Rouge qui s'était battue à Borodino, il a toutefois fourni des informations suffisantes sur la situation politique et sociale de la Russie d'alors. N'oublions pas que *Guerre et Paix* commence par un long dialogue en français, et cela en dit long sur la situation de l'aristocratie russe au début du XIXe.

En réalité, l'auteur ne doit pas se contenter de présupposer le monde réel comme toile de fond de sa propre invention : il doit aussi et sans cesse informer le lecteur sur des aspects du monde réel que le lecteur ne connaît probablement pas.

Supposons que Rex Stout nous dise qu'Archie prend un taxi et se fait conduire à l'angle de la Quatrième et de la Dixième rue. Supposons maintenant que ses lecteurs se divisent en deux catégories. D'un côté, ceux qui ne connaissent pas New York, et nous pouvons nous en désintéresser, car ils sont disposés à tout accepter (n'oublions pas que, chez nous, les traductions des polars rendent régulièrement *downtown* et *uptown* par « ville basse » et « ville haute », si bien que les Italiens sont persuadés que les cités américaines ressemblent toutes à Bergame, Tbilissi ou Budapest, une partie sur les hauteurs et une partie en plaine). Mais les lecteurs américains, sachant que la structure urbaine de New York est pareille à une carte de géographie où les *streets* sont les parallèles et les *avenues* les méridiens, réagiraient comme un lecteur à qui Nerval aurait raconté que sa voiture n'était tirée par aucun cheval. En réalité, à

New York, au West Village, il existe vraiment un point où Fourth et Tenth Street se croisent (tous les New-Yorkais le connaissent, sauf les chauffeurs de taxi). Cependant, je pense que si Stout avait évoqué cette situation, il aurait introduit une explication, peut-être sous forme de commentaire amusé, pour dire le comment du pourquoi de l'existence de ce carrefour — craignant que les lecteurs de San Francisco, Rome ou Madrid ne croient qu'on se moque d'eux.

Il l'aurait fait pour les même raisons qui ont amené Walter Scott à commencer son *Ivanhoé* par :

> Dans ce beau canton de l'heureuse Angleterre arrosé par le Don, s'étendait jadis une grande forêt qui couvrait la plus grande partie des montagnes et des vallées qu'on trouve entre Sheffield et la charmante ville de Doncaster.

Et après avoir donné d'autres informations historiques, il poursuit :

> Tel était l'état des choses à cette époque : j'ai cru devoir le retracer à l'esprit de mes lecteurs [1] [...]

Vous le voyez, l'auteur se charge non seulement de « passer un contrat » (comme il le fera par la suite) avec son lecteur sur des faits et des événements fictifs qu'il lui demande d'agréer, mais il se préoccupe aussi de lui fournir certaines informations sur le monde réel qu'il risque de ne pas connaître et qu'il juge indispensables à la compréhension de son récit. Ses lecteurs doivent à la fois *feindre* de penser que l'information

1. *Ivanhoé,* traduit de l'anglais par Defauconpret, Paris, Éditions du Delta, 1970, pp. 23-25.

fictionnelle est vraie, et prendre pour vraies les informations historico-géographiques qu'il lui a fournies.

Parfois, l'information est donnée sous forme de prétérition. *Rip Van Winkle* de Washington Irving commence par « Quiconque a remonté en bateau le cours de l'Hudson doit se souvenir des monts de Kaatskill... », mais je ne crois franchement pas que l'œuvre s'adresse uniquement à ceux qui ont remonté l'Hudson et vu les monts de Catskill. Je pense représenter un excellent exemple de lecteur qui, n'ayant jamais fait ni l'un ni l'autre, a pourtant fait semblant d'avoir remonté l'Hudson et vu ces montagnes, jouissant ainsi du reste du texte.

Dans mon essai « Petits mondes » *(les Limites de l'interprétation),* j'avais cité le début de *The Mysteries of Udolpho* de Ann Radcliffe :

> Sur les berges riantes de la Garonne, dans la province de Gascogne, s'élevait, en 1854, le château de Monsieur St. Aubert. Des fenêtres, on apercevait le panorama pastoral de la Guyenne et de la Gascogne qui s'étendait le long du fleuve, égayé de bois luxuriants, de vignobles et d'olivaies.

Je ne pensais pas — disais-je — qu'un lecteur de la fin du XVIIIe en sût long sur la Garonne, la Gascogne et ses paysages. Tout au plus aurait-il été capable d'inférer du termes « berges » que la Garonne était un fleuve et pour le reste, il aurait imaginé, à partir de sa compétence encyclopédique, un environnement typique du sud de l'Europe, avec des vignes et des oliviers... Les lecteurs étaient invités à se comporter en familiers des collines françaises (ou à faire semblant de l'être).

Après la publication de cet essai, j'ai reçu une

sympathique lettre d'un monsieur de Bordeaux, lequel me révélait qu'en Gascogne, il n'y a jamais eu d'oliviers, que les oliviers n'ont jamais poussé sur les rives de la Garonne. Ce lecteur en tirait des considérations pointues pour étayer ma thèse, louant mon ignorance de la Gascogne qui m'avait permis de choisir un exemple si convaincant (puis, il m'invitait chez lui, où, disait-il, les vignes existent bel et bien et où les vins sont excellents).

Donc, non seulement l'auteur demande à son lecteur modèle de collaborer sur la base de sa compétence du monde réel, non seulement il lui fournit cette compétence quand il ne l'a pas, non seulement il lui demande de feindre de connaître, sur le monde réel, des choses qu'il ne connaît pas, mais en plus il l'induit à croire qu'il devrait faire semblant de connaître des choses qui, en revanche, n'existent pas dans le monde réel.

Puisqu'il paraît impensable que Mme Radcliffe ait eu l'intention d'abuser ses lecteurs, il nous faut en conclure qu'elle s'est tout bonnement trompée. Mais cela est encore plus embarrassant. Dans quelle mesure pouvons-nous présupposer comme réels ces aspects du monde réel que l'auteur croit réels par erreur ?

5

L'étrange cas de la rue Servandoni

Dans une étude récente menée par Lucrecia Escudero[1] sur le comportement de la presse argentine durant la guerre des Falklands-Malouines de 1982, j'ai trouvé cette histoire.

Le 31 mars, deux jours avant le débarquement des Argentins aux Malouines et vingt-cinq jours avant l'arrivée de la *task force* britannique aux Falklands, le quotidien *Clarin* publiait une information, provenant apparemment de Londres, selon laquelle les Anglais avaient envoyé dans les eaux argentines le *Superb,* un sous-marin atomique. Le Foreign Office avait aussitôt réagi en disant n'avoir aucun commentaire à faire sur cette « version », et la presse argentine en avait conclu que, si les autorités gouvernementales britanniques parlaient de « version », cela signifiait qu'il s'agissait d'une fuite d'informations militaires très secrètes. Le 1er avril, juste au moment où les Argentins débarquaient aux Malouines, le *Clarin* annonçait que le *Superb* jaugeait 45 000 tonneaux et possédait

1. Lucrecia Escudero, *Malvine : Il Gran Racconto* (Università degli Studi di Bologna, Doctorat de Recherche en Sémiotique, IV cycle, 1992).

un équipage de 97 hommes spécialisés dans la chasse sous-marine.

Les réactions de la presse britannique furent très ambiguës : un expert militaire affirmait qu'envoyer des sous-marins atomiques de la catégorie Hunter-Killer était une idée assez raisonnable et le *Daily Telegraph* donnait l'impression d'en savoir long sur cette histoire. Ainsi, peu à peu, la rumeur était devenue information, les lecteurs argentins se montraient troublés et la presse s'appliquait à satisfaire leurs attentes narratives. On donnait désormais les nouvelles comme si elles provenaient directement des milieux très proches des commandements militaires argentins, et le *Superb* était devenu « le sous-marin que des sources anglaises situent dans l'Atlantique sud ». Le 4 avril, le sous-marin était déjà en vue des côtes argentines. Aux journalistes en mal d'indiscrétions, les sources militaires britanniques répondaient invariablement qu'elles n'avaient pas l'intention de révéler la position de leurs sous-marins, et une affirmation si évidente ne faisait que renforcer l'opinion répandue qu'il existait des sous-marins anglais et qu'ils se trouvaient quelque part — ce qui était un truisme pur et simple.

Le même 4 avril, certaines agences de presse européennes informaient que le *Superb* s'apprêtait à mettre le cap sur les mers australes à la tête de la *task force* britannique. Si c'était vrai, comment pouvait-il se trouver déjà à proximité des côtes argentines ? Or, cette contradiction, au lieu de l'affaiblir, semble avoir renforcé le syndrome du sous-marin atomique.

Le 5 avril, l'agence de presse DAN annonçait le *Superb* à deux cent cinquante kilomètres des Falklands-Malouines. Le reste de la presse suivait, s'attardant sur la description des extraordinaires prestations de cette machine de guerre. Le 6 avril, la Marine argentine elle-même signalait sa présence non loin de l'archipel et la semaine suivante, on attribua un jumeau au *Superb,* le sous-marin *Oracle.* Le 18 avril, *le Monde* mentionnait les deux sous-marins, et la nouvelle rebondissait sur le *Clarin,* avec un titre dramatique : « Une flotte sous-marine ? » Le 12 avril, le *Clarin* annonçait même l'arrivée, dans cette zone, de sous-marins soviétiques.

A ce stade, l'histoire ne concernait plus seulement la présence du sous-marin (dont plus personne ne doutait), mais plutôt la diabolique habileté des Britanniques, qui réussissaient à garder secrète leur position. Le 18 avril, un pilote brésilien avait aperçu le *Superb* près de Santa Catarina et l'avait même photographié : malheureusement, la photo était presque indéchiffrable à cause du temps nuageux : voilà que nous rencontrons un nouvel effet de brume, mais cette fois, la brume est directement fournie par l'interprète pour conférer à l'histoire le *suspense* nécessaire, réalisant une situation visuelle à mi-chemin entre *Flatland* et *Blow Up* d'Antonioni.

Quand enfin le corps expéditionnaire anglais s'est réellement trouvé à 80 kilomètres du théâtre des opérations, avec de vrais navires de guerre et de vrais sous-marins, le *Superb* a disparu : le 22 avril, le *Clarin* annonce qu'il serait reparti vers l'Écosse. Le 23 avril, le quotidien écossais *Daily Record* révèle qu'en fait, le *Superb* est toujours resté au mouillage dans sa base écossaise. Contraints de changer de genre, les journaux argentins passent alors du film de guerre dans le Pacifique à une affaire d'espionnage. Le 23 avril, le *Clarin* écrit triomphalement qu'on a fini par démasquer le coup de bluff britannique.

Qui a inventé ce sous-marin ? Les services secrets

britanniques, pour miner le moral des Argentins ? Le commandement argentin, pour justifier sa politique d'agression ? La presse anglaise ? La presse argentine ? À qui a profité la rumeur ? Quoi qu'il en soit, je délaisserai cet aspect des choses pour m'intéresser plutôt à la façon dont cette histoire a pris de l'ampleur à partir d'un vague ragot grâce à la collaboration de tous. Chacun a participé à la création du sous-marin parce qu'il s'agissait d'un « personnage » narrativement fascinant.

Cette histoire — l'histoire vraie d'une construction fictionnelle — a plusieurs morales. D'un côté, elle montre combien nous sommes sans cesse tentés de donner forme à la vie en utilisant des schémas narratifs, un thème que nous aborderons la prochaine fois. D'un autre côté, elle prouve la force des présuppositions existentielles[1]. Dans toute assertion contenant des noms propres ou des descriptions définies, on suppose que le destinataire assume comme indiscutable l'existence des sujets dont il est prédiqué quelque chose. Si quelqu'un me dit n'avoir pu venir à notre rendez-vous parce que sa femme est brusquement tombée malade, ma première réaction est de prendre pour vraie l'existence de cette épouse. C'est seulement si j'apprenais par la suite que le locuteur est célibataire, que je penserais qu'il m'a menti sans vergogne. Mais jusque-là, par le fait même que cette femme a été posée dans le discours par un acte de mention, je n'ai aucune raison de penser qu'elle n'existe pas. Il s'agit d'une tendance si natu-

1. Umberto Eco, « Sur la présupposition » (en collaboration avec Patrizia Violi), dans *les Limites de l'interprétation,* traduit de l'italien par Myriem Bouzaher, Paris, Grasset, 1992.

relle de la part de tout être humain normal que, si je lis un texte commençant par « Comme chacun le sait, l'actuel roi de France est chauve » — la France étant une république, si je ne suis pas un philosophe du langage mais un être humain normal, je ne me mets pas à jouer avec les tables de vérité —, je décide de suspendre mon incrédulité et de tenir ce discours pour un passage narratif, qui me raconterait une histoire de l'époque de Charles le Chauve. J'agis ainsi car c'est la seule façon pour moi d'assigner une quelconque forme d'existence à cette entité que le discours a posée.

C'est ce qui s'est produit avec notre sous-marin. Une fois posé *dans* le discours, par le discours des médias, le sous-marin était là, et comme on suppose que les journaux font des affirmations vraies sur le monde réel, chacun s'est ensuite acharné à l'apercevoir quelque part.

Dans *Ma che cos'è questo amore ?* d'Achille Campanile (ce sublime écrivain humoriste que j'évoquais lors de ma première conférence), un certain Barone Manuel, pour justifier ses absences inopinées dues à ses pratiques adultères, dit toujours à sa femme et à ses amis qu'il se rend au chevet d'un certain Pasotti, ami très cher, infirme chronique, et dont la santé décline à mesure que les liaisons de Barone Manuel se compliquent. La présence de Pasotti dans le roman est si palpable que, à un moment donné, bien que l'auteur et le lecteur sachent qu'il n'existe pas, tout le monde (les autres personnages, mais aussi le lecteur) est préparé à accepter son inévitable apparition. Et bien entendu, Pasotti entre en scène quelques minutes après que Barone Manuel (qui avait décidé de mettre un terme à ses infidélités conjugales) eut annoncé sa mort.

Le sous-marin anglais a été posé par les médias et, dès qu'il a été posé, on l'a tenu pour vrai. Que se passe-t-il quand, dans un texte narratif l'auteur pose, comme un élément du monde réel (toile de fond au monde possible fictionnel) quelque chose qui n'existe pas et ne s'est jamais produit dans le monde réel ? Vous vous souvenez sans doute que c'est le cas d'Ann Radcliffe, qui avait posé des oliviers en Gascogne.

A son arrivée à Paris, d'Artagnan trouve un logement rue des Fossoyeurs, la maison de Monsieur Bonacieux (chapitre 1). Le palais de Monsieur de Tréville où il se rend aussitôt après se situe rue du Vieux-Colombier (chapitre 2). Au chapitre 7 seulement, nous apprenons que Porthos habite cette même rue, tandis que Athos loge rue Férou. Aujourd'hui, la rue du Vieux-Colombier délimite le côté nord de l'actuelle place Saint-Sulpice, et la rue Férou prend perpendiculairement sur le côté sud, mais à l'époque des *Trois Mousquetaires,* la place n'existait pas encore. Où habitait cet individu réticent et mystérieux qu'était Aramis ? Nous le découvrons au chapitre 11, où l'on nous dit qu'il habite à l'angle de la rue Servandoni, et si vous regardez un plan de Paris *(Figure 12),* vous voyez que la rue Servandoni est la première rue parallèle à l'est de la rue Férou. Ce chapitre 11 s'intitule « L'intrigue se noue ». Dumas pensait à autre chose, mais pour nous l'intrigue se noue aussi d'un point de vue urbanistique et onomastique.

Après sa visite à Monsieur de Tréville, rue du Vieux-Colombier, d'Artagnan (qui n'est pas pressé de rentrer chez lui, désireux de se promener en pensant avec tendresse à son aimée, Madame Bonacieux) revient — dit le texte — en prenant le chemin le plus long. Mais on ne sait pas où se situe la rue des

Fossoyeurs et, si on regarde le plan de Paris actuel, on ne la trouve pas. Nous suivons alors d'Artagnan, qui marche « regardant les étoiles du ciel, et tantôt soupirant, tantôt souriant ».

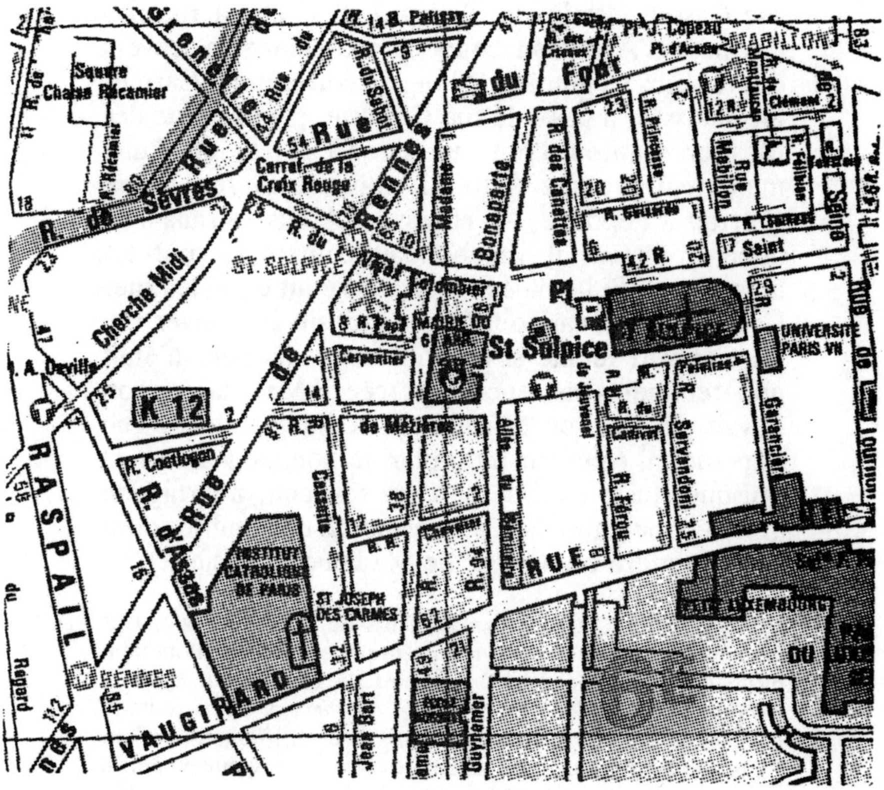

Figure 12

Si nous lisons le texte en suivant sur un plan du Paris de 1625 *(Figure 13)*, d'Artagnan tourne rue du Cherche-Midi (qui s'appelait à l'époque, nous dit Dumas, Chasse-Midi), il remonte une ruelle située là où se trouve aujourd'hui la rue d'Assas, et qui devait être la rue des Carmes, il passe près de la rue de Vaugirard, puis il tourne à gauche parce que « la maison qu'habitait Aramis se trouvait située entre la rue Cassette et la rue Servandoni ». De la rue des Carmes, d'Artagnan coupe probablement à travers des terrains s'étendant le long du couvent des Carmes Déchaussés, il passe la rue Cassette, prend la rue des Messiers (aujourd'hui rue de Mézières) et d'une manière ou d'une autre, il traverse la ruc Férou (Ferrau à l'époque) — adresse d'Athos — sans s'en apercevoir (car il vagabondait comme le font les amoureux). Si la maison d'Aramis était entre les rues Cassette et Servandoni, elle aurait dû se trouver rue du Canivet, même si en 1625 cette dernière n'était apparemment pas encore percée[1]. Mais la maison devait se trouver exactement à l'angle de la rue Servandoni (que sur mon plan je nomme « Rue ? ») puisque, juste en face de chez son ami, d'Artagnan voit déboucher de la rue Servandoni une ombre (dont on apprendra qu'il s'agit de Madame Bonacieux).

1. J'ai vérifié sur un plan de Paris de 1609, où cependant certaines des rues nommées n'existent pas encore ou ont un nom différent. Toutefois, dans un rapport de 1636, *Estat, noms et nombre de toutes les rues des vingt quartiers de Paris* (édition commentée par Alfred Franklin), Paris, Willem 1873 (aujourd'hui Paris, Les Éditions de Paris, 1988), les noms correspondent déjà à ceux d'un plan de 1716. Comme les plans précédents que j'ai vus n'enregistrent pas les noms des petites rues et, au nom de critères esthétiques, se montrent peu scrupuleux, je pense que ma reconstruction reproduit de façon assez satisfaisante la situation de 1625.

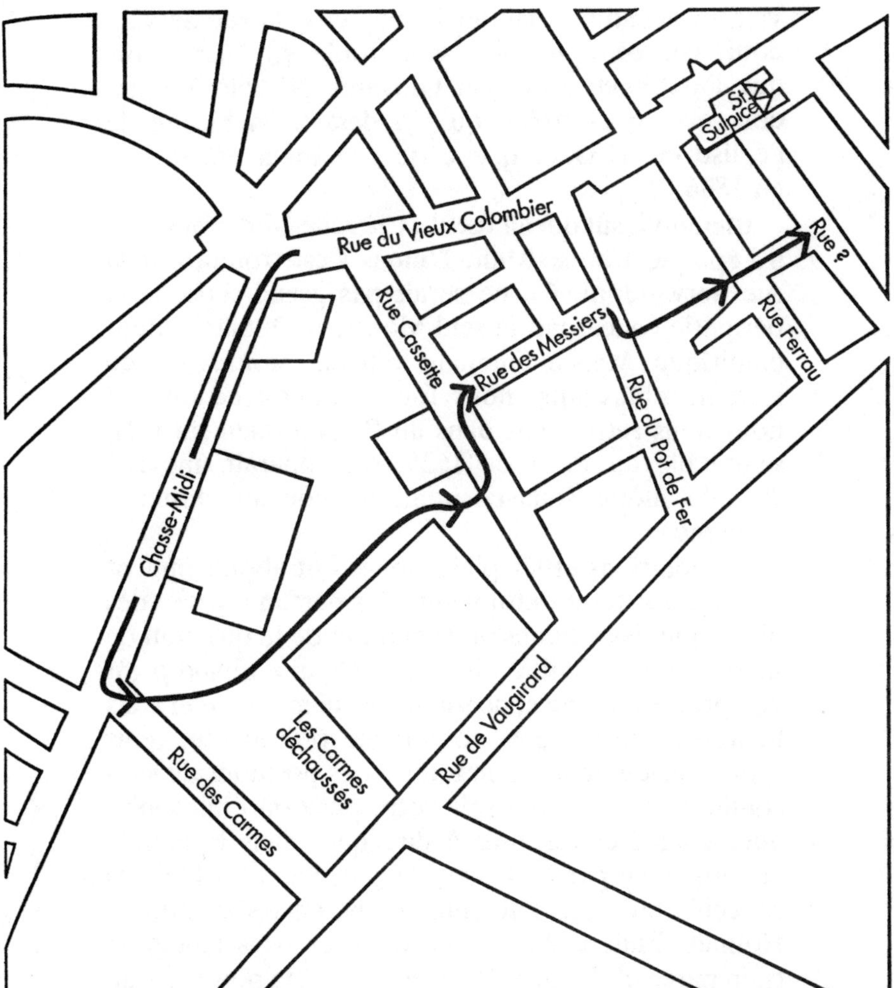
St Sulpice
Rue du Vieux Colombier
Rue ?
Rue Cassette
Rue des Messiers
Rue Ferrau
Rue du Pot de Fer
Chasse-Midi
Rue de Vaugirard
Les Carmes déchaussés
Rue des Carmes

Figure 13

Hélas, si, en bons lecteurs empiriques, nous sommes émus d'évoquer la rue Servandoni parce que c'était l'adresse de Roland Barthes, Aramis ne pouvait en aucun cas habiter à l'angle de la rue Servandoni, car cette histoire se déroule en 1625, alors que l'architecte florentin Giovanni Niccolò Servandoni est né en 1695, qu'il a dessiné la façade de l'église en 1733 et que cette rue lui a été dédiée en 1806.

Bien qu'il sût que la rue du Cherche-Midi s'appelait à l'époque Chasse-Midi, Dumas s'est trompé sur la rue Servandoni. Ce ne serait pas grand-chose si la péripétie concernait le seul Monsieur Dumas, auteur empirique. Mais maintenant le texte est là. Nous, en lecteurs obéissants, nous lisons ses instructions, et nous nous retrouvons dans un Paris totalement réel, semblable au Paris de 1625, où apparaît une rue qui, du moins sous ce nom, ne pouvait exister à l'époque.

Les logiciens et les philosophes ont abondamment débattu du statut ontologique des personnages et des objets paraissant dans un roman, et de la question de savoir ce que signifie dire « *p* est vrai » quand *p* est une proposition ne concernant pas le monde réel mais fictionnel. Lors de la conférence précédente, nous avons décidé de nous en tenir à des positions de sens commun. Quelle que soit votre position philosophique, vous êtes disposés à dire que, dans le monde possible créé par A. Conan Doyle, Sherlock Holmes est célibataire et, si au cours d'une de ses aventures, Holmes disait à Watson de réserver trois billets de train parce qu'il s'apprête à se lancer à la poursuite du docteur Moriarty en se faisant accompagner par Madame Holmes, vous éprouveriez au minimum une sensation de gêne. Permettez-moi d'utiliser une notion très rudimentaire de vérité : il n'est pas vrai que Holmes a une épouse, tout comme il n'est pas vrai que l'Empire State Building s'élève à Berlin. Un point c'est tout.

Sommes-nous sûrs de pouvoir affirmer avec une égale certitude qu'il n'est pas vrai qu'Aramis habitait à l'angle de la rue Servandoni ? Bien sûr, nous pourrions dire que tout rentre dans l'ordre d'un point de vue ontologique si l'on affirme qu'il est vrai que — dans le monde possible des *Trois Mousquetaires* — Aramis habitait à l'angle d'une rue x, nommée Servandoni par erreur de l'auteur empirique, alors qu'elle s'appelait probablement autrement. Donnellan [1] nous a convaincus : si je crois et soutiens (par erreur) que Jones est l'assassin de Smith, quand je parle de l'assassin de Smith, je veux sans aucun doute indiquer Jones, même si Jones est innocent.

Mais la chose est beaucoup plus compliquée que cela. Où se trouvait la rue des Fossoyeurs où habitait d'Artagnan ? Elle existait au XVIIe siècle et elle n'existe plus aujourd'hui pour une raison très simple : l'ancienne rue des Fossoyeurs est devenue la rue Servandoni. Donc (1) Aramis habite à un endroit qui en 1625 n'existait pas sous ce nom, (2) d'Artagnan habite la même rue qu'Aramis sans le savoir, et même, il se trouve dans une situation ontologiquement très curieuse : il croit que dans son monde, il existe deux rues avec deux noms différents, alors que — dans le Paris de 1625 — il existait une seule rue avec un seul nom. Disons-le, une erreur de ce genre n'est pas invraisemblable : des siècles durant, l'huma-

1. Keith S. Donnellan, « Reference and Definite Descriptions », *Philosophical Review* 75 (1966), pp. 281-304.

nité a cru qu'il existait deux îles, Ceylan et Taprobane, les géographes du XVIe en traçaient deux, puis on découvrit que c'était une interprétation fantaisiste des descriptions des voyageurs, et qu'il n'y en avait qu'une seule. Des siècles durant, l'humanité a cru qu'il existait deux étoiles, l'Étoile du Matin et l'Étoile du Soir, Phosphorus et Vesper, alors qu'il s'agit de la même et unique étoile, Vénus.

Cependant, cette situation est différente de celle de d'Artagnan. Nous, Terriens, nous observons de loin deux entités, Vesper et Phosphorus, à deux moments différents de la journée, et il est compréhensible que nous puissions croire qu'il s'agit de deux étoiles différentes. Mais si nous étions des habitants de Phosphorus, il serait impossible de croire à l'existence de Vesper car jamais personne ne l'aurait vue briller dans le ciel. Le problème de Phosphorus et Vesper existait pour Frege, il existe pour les philosophes terriens, mais pas pour les philosophes phosphoréens, s'il y en a.

Dumas, en tant qu'auteur empirique s'étant de toute évidence trompé, se trouvait dans la situation des philosophes terriens. Mais d'Artagnan, dans son monde possible, se trouvait dans celle des philosophes phosphoréens. S'il remontait la rue appelée aujourd'hui Servandoni, il devait savoir qu'il était rue des Fossoyeurs, celle-là même où il habitait. Comment pouvait-il donc penser qu'il s'agissait d'une autre rue, celle où habitait Aramis ?

Si *les Trois Mousquetaires* était un roman de science-fiction, ou un exemple de narrativité autocontradictoire, pas de problèmes : je peux très bien écrire l'histoire d'un navigateur spatial qui part le 1er janvier 2001 de Vesper et arrive sur Phosphorus le 1er janvier 1999. Il y aurait à cela diverses explications. Par exemple, mon récit pourrait affirmer qu'il existe des mondes parallèles temporellement déphasés de deux ans l'un par rapport à l'autre, le premier étant Vesper, une étoile peuplée d'un million d'habitants ayant tous les yeux bleus et dirigée par un roi nommé Stan Laurel, le second étant Phosphorus, une étoile peuplée de 999 999 habitants (dans cette république, Stan Laurel n'existe pas), tous identiques à ceux de Vesper (mêmes noms, mêmes propriétés, même histoire individuelle, mêmes relations parentales). Ou bien je pourrais imaginer que le navigateur spatial voyage en arrière dans le temps et débarque à Vesper dans le passé, quand elle s'appelait encore Phosphorus, juste une demi-heure avant que les habitants ne décident de rebaptiser leur planète.

Mais l'une des stipulations fondamentales de tout roman historique, c'est que, quel que soit le nombre de personnages imaginaires introduits dans l'histoire par l'auteur, il faut que tout le reste corresponde plus ou moins à ce qui se passait à cette époque-là dans le monde réel.

Il y aurait bien une solution à notre imbroglio : puisque certains historiens de Paris ont émis l'hypothèse que, du moins en 1636, la rue des Fossoyeurs, là où elle serait coupée aujourd'hui par la rue du Canivet, devenait la rue du Pied-de-Biche, d'Artagnan habitait rue des Fossoyeurs et Aramis rue du Pied-de-Biche ; et d'Artagnan, qui croyait les deux rues différentes, savait qu'il habitait une rue qui était le prolongement de celle d'Aramis, et par une banale erreur, il pensait que la rue d'Aramis s'appelait non pas du Pied-de-Biche, mais Servandoni. Pourquoi pas ? Il avait peut-être connu à Paris un Florentin nommé Servandoni, arrière-grand-père de l'architecte de Saint-Sulpice, et sa mémoire lui avait joué un mauvais tour.

Seulement voilà : le texte des *Trois Mousquetaires* ne nous dit pas que d'Artagnan arrivait dans ce qu'il « croyait » être la rue Servandoni. Il nous dit que d'Artagnan arrivait dans une rue dont *le lecteur* doit penser qu'il s'agit vraiment de la rue Servandoni.

Comment sortir de cette très embarrassante situation ? En acceptant l'idée que jusqu'ici j'ai caricaturé les débats sur l'ontologie des personnages narratifs, car en fait, ce qui nous intéresse, ce n'est pas l'ontologie des mondes possibles et de leurs habitants (problème respectable dans les débats de logique modale), mais *la position du lecteur.*

Que Holmes soit célibataire, nous le savons par ce texte que constitue le corpus de ses histoires. En revanche, que la rue Servandoni n'ait pu exister en 1625, nous le savons par l'Encyclopédie, c'est-à-dire par un potin historique sans importance n'ayant rien à voir avec l'histoire de Dumas. À bien y penser, c'est la même chose qu'avec le loup du *Petit Chaperon Rouge.* Que les loups ne parlent pas, nous le savons par notre expérience de lecteur empirique ; pourtant, comme lecteur modèle, nous acceptons d'évoluer en un monde où les loups parlent. Et alors, si nous acceptons que dans les bois les loups parlent, pourquoi ne pas accepter que dans le Paris de 1625 la rue Servandoni existait ? En réalité, c'est ce que nous faisons et ce que vous continuerez à faire, si vous relisez *les Trois Mousquetaires* après ma révélation.

Dans *les Limites de l'interprétation,* j'ai insisté sur la différence entre *interpréter* et *utiliser* un texte. Aujourd'hui, j'ai « utilisé » *les Trois Mousquetaires* pour m'offrir une passionnante aventure dans le monde de l'histoire et de l'érudition. En effet, je vous avoue que je me suis beaucoup diverti à arpenter les rues nommées par Dumas, à consulter les vieux plans du XVIIe siècle, tous très imprécis d'ailleurs. Avec un texte narratif, on peut faire ce que l'on veut, et je me suis amusé à jouer le rôle du lecteur paranoïaque, à vérifier si le Paris du XVIIe correspondait plus ou moins à celui décrit par Dumas.

Mais ce faisant, je ne me suis pas comporté en lecteur modèle, ni même en lecteur empirique normal. Pour connaître Servandoni, il faut posséder une bonne culture artistique, pour savoir que la rue Servandoni était la rue des Fossoyeurs, il faut une culture très spécifique. Il est impossible que l'œuvre de Dumas, se présentant stylistiquement et narrativement comme un roman historique populaire, s'adresse à un public aussi sophistiqué. Donc, le lecteur modèle de Dumas n'est pas tenu de connaître le détail négligeable de la rue Servandoni nommée rue des Fossoyeurs en 1625, et il peut tranquillement poursuivre sa lecture.

Question résolue ? Pas du tout. Supposons que, du palais Tréville, Dumas ait fait sortir d'Artagnan rue du Vieux-Colombier et l'ait fait tourner rue Bonaparte (perpendiculaire à la rue du Vieux-Colombier, parallèle à la rue Férou, mais s'appelant à l'époque rue du Pot-de-Fer). Ah ! non. C'en serait trop. Soit nous jetterions le livre, indignés, soit nous le relirions en pensant avoir commis une erreur en nous constituant comme lecteur modèle d'un roman historique. Il ne s'agissait évidemment pas de cela, mais d'un roman de science-fiction, ou d'une de ces histoires dites uchronies, qui se déroulent en un temps historique chamboulé où Jules César se bat en duel avec Napoléon, et où Euclide démontre enfin le théorème de Fermat.

Pourquoi ne pas accepter que d'Artagnan prenne la rue Bonaparte alors que nous l'acceptons pour la rue Servandoni ? C'est évident : parce que presque tout le monde sait qu'il est impossible qu'une rue Bonaparte ait existé dans le Paris du XVIIe siècle, alors que peu de gens le savent pour la rue Servandoni, et la preuve en est que Dumas lui-même l'ignorait.

En ce cas, notre problème ne concerne pas l'ontologie des personnages qui habitent les mondes narratifs, mais le format de l'Encyclopédie du lecteur modèle. Le lecteur modèle prévu par *les Trois Mousquetaires* témoigne de la curiosité et du goût pour la reconstitution historique non érudite, il connaît Bonaparte, il a une vague idée de la différence entre les règnes de Louis XIII et de Louis XIV ; aussi, l'auteur lui fournit une foule d'informations tant au début qu'en cours de récit, et il n'a pas l'intention de se rendre aux Archives nationales pour vérifier si un comte de Rochefort existait vraiment en ce temps-là. Doit-il savoir également qu'à l'époque de d'Artagnan, on avait déjà découvert l'Amérique ? Le texte ne le dit pas, et il n'induit pas à l'inférer, mais nous pourrions nous hasarder à dire que si d'Artagnan rencontrait Christophe Colomb rue Servandoni, le lecteur devrait s'étonner. Je dis bien « devrait », car je n'émets là qu'une hypothèse. En effet, vous trouverez sans doute des lecteurs disposés à croire Colomb contemporain de d'Artagnan, car pour eux, tout ce qui n'est pas présent est « passé », et un passé très flou. Ainsi, après avoir dit que le texte présuppose chez le lecteur modèle une encyclopédie d'un certain format, il s'avère difficile d'établir ce format.

Le premier exemple qui me vient à l'esprit est *Finnegans Wake,* qui prévoit, requiert, exige un lecteur modèle doté d'une compétence encyclopédique infinie, supérieure à celle de l'auteur empirique James Joyce, un lecteur capable de découvrir des allusions et des connexions sémantiques là où elles avaient échappé à l'auteur empirique. En réalité, le texte en appelle à un lecteur idéal atteint d'une insomnie idéale. Dumas n'attendait pas un lecteur de mon style, qui va vérifier la situation de la rue des Fossoyeurs ; au contraire, il en aurait été profondément irrité. Joyce, lui, voulait un lecteur qui — même si le bois de *Finnegans Wake* est potentiellement infini, tel que, une fois à l'intérieur, on y reste — soit capable d'en sortir à tout moment pour penser à d'autres bois, à la forêt illimitée de la culture universelle et de l'intertextualité.

Peut-on dire que tout texte narratif dessine un lecteur modèle de ce genre, semblable au Funes de Borges ? Certainement pas. On n'attend pas du lecteur du *Petit Chaperon Rouge* qu'il connaisse Giordano Bruno, tandis qu'on l'attend du lecteur de *Finnegans Wake*. Mais alors, quel est le format de l'encyclopédie qu'une œuvre narrative requiert ?

Roger C. Schank et Peter G. Childers, dans *The Cognitive Computer*[1], nous permettent de poser le problème sous un autre angle : quel est le format de l'encyclopédie à fournir à une machine pour qu'elle puisse écrire (et donc comprendre, c'est-à-dire savoir lire) les fables d'Ésope ?

Dans leur programme *Tale-Spin,* ils commencent par une information encyclopédique minimum. Il s'agit de dire à l'ordinateur « comment un ours

1. Roger C. Schank (en collaboration avec Peter G. Childers), *The Cognitive Computer,* Reading, Ma., Addison-Wesley, 1984. Les citations qui suivent se réfèrent aux pages 81-89.

projette la façon d'obtenir du miel » en créant un « casting de personnages et des situations se révélant problématiques pour eux ».

Initialement, Joe Bear demandait à Irving Bird où trouver du miel et Irving répondait qu' « il y avait une ruche dans le chêne ». Mais dans une des premières histoires générées par l'ordinateur, Joe Bear s'irritait car il considérait que Irving ne lui avait pas répondu. En effet, il manquait à sa compétence encyclopédique l'information selon laquelle on indique quelquefois — par métonymie — le lieu où trouver à manger en nommant non pas la nourriture mais sa source. Proust louait Flaubert d'avoir écrit « Madame Bovary s'approcha de la cheminée » et notait « il n'a été dit nulle part qu'elle eût froid ». Or, ce n'est pas tout, il n'a été dit nulle part qu'une cheminée produisît de la chaleur. Schank et Childers ont donc compris qu'ils doivent être plus explicites avec un ordinateur, et ils lui fournissent des informations sur le rapport nourriture-source. Mais quand Irving Bird a répété qu'il y avait une ruche dans le chêne, Joe Bear « est allé près du chêne et a dévoré la ruche ». Son encyclopédie était encore incomplète : il fallait lui expliquer la différence entre source comme conteneur et source comme objet en soi, car — rappellent les auteurs — si quelqu'un a faim et que je lui réponds de chercher le frigo, je ne lui dis pas de manger le frigo mais de l'ouvrir pour y trouver des aliments ; mais si cela est évident pour un être humain, ça ne l'est absolument pas pour une machine.

Un autre incident imprévu s'est produit lorsqu'on a dit à la machine comment utiliser certains moyens pour obtenir certains résultats (par exemple, « si un personnage désire un certain objet, il peut essayer de marchander avec le possesseur de l'objet »). Cela a donné l'histoire suivante :

> Joe Bear était affamé. Il a demandé à Irving Bird où il pouvait trouver du miel. Irving s'est refusé à le lui dire, alors Joe lui a offert de lui ramener un ver s'il lui disait où trouver le miel. Irving s'est montré d'accord, mais Joe ne savait pas où trouver des vers, alors il l'a demandé à Irving, qui s'est refusé à le lui dire. Alors, Joe lui a offert de lui ramener un ver s'il lui disait où trouver des vers, et Irving s'est montré d'accord. Mais Joe ne savait pas où trouver des vers, et il l'a donc demandé à Irving, qui s'est refusé à le lui dire. Alors, il lui a offert de lui ramener un ver s'il lui disait où trouver des vers...

Pour éviter ce *loop,* il a fallu dire à l'ordinateur qu'un personnage ne pouvait se proposer deux fois le même objectif, s'il avait échoué la première fois, et qu'il devait chercher une autre solution. Mais, cette instruction aussi a créé des problèmes, car elle a eu une mauvaise interaction avec les informations successives, telles que « si un personnage est affamé et voit de la nourriture, il veut la manger » ou « si un personnage essaie d'obtenir de la nourriture et échoue, il se met en colère ». Voyons ce qu'a produit la machine.

Bill le Renard voit Henry le Corbeau tenant en son bec un fromage. Bill est affamé, il désire le fromage, donc il convainc Henry de chanter. Henry ouvre le bec et le fromage tombe par terre. Une fois le fromage à terre, Bill le voit à nouveau et le désire. Or, l'ordinateur a été instruit sur le fait qu'il ne faut jamais assigner deux fois le même but à un personnage, donc Bill ne réussit pas à satisfaire sa faim et il se met en colère. Tant pis pour Bill. Mais qu'arrive-t-il au corbeau ?

> Henry le Corbeau vit le fromage par terre, il devint affamé, mais il se savait être le propriétaire du fromage. Il voulut être

> honnête avec lui-même et décida de ne pas se tromper pour obtenir le fromage. Il ne voulait pas se tromper lui-même, il ne voulait pas non plus entrer en compétition avec lui-même, en outre il se rendait compte qu'il avait un avantage sur lui-même, aussi refusa-t-il de se céder le fromage à lui-même [s'il l'avait fait, il aurait perdu le fromage], et il s'offrit donc de se ramener un ver s'il se cédait le fromage. Cela lui parut OK, mais il ne savait pas où trouver des vers. Aussi se dit-il à lui-même : « Henry, sais-tu où trouver des vers ? » Mais évidemment il ne le savait pas, alors il décida... [ouverture d'un autre *loop*].

Il faut vraiment connaître beaucoup de choses pour lire une fable. Mais en dépit de tout ce que Schank et Childers ont été contraints d'enseigner à leur ordinateur, ils n'ont certainement jamais eu à lui dire où était la rue Servandoni. Le monde de Joe Bear reste un petit monde.

Lire une œuvre de fiction signifie faire une conjecture sur les critères d'économie gouvernant le monde fictionnel. Il n'y a pas de règle, ou plutôt, comme dans tout cercle herméneutique, on doit la présupposer au moment même où on tente de l'inférer à partir du texte. C'est pourquoi lire est un pari. On parie qu'on sera fidèle aux suggestions d'une voix qui ne nous dit pas explicitement ce qu'elle suggère.

Revenons à Dumas, et tentons de le lire comme un lecteur qui se serait formé au *Finnegans Wake* et se sentirait donc autorisé à trouver partout des clés et des indices pour des allusions et des courts-circuits sémantiques. Essayons de nous livrer à une lecture « soupçonneuse » des *Trois Mousquetaires*.

Supposons que l'allusion à la rue Servandoni ne soit pas une erreur mais un indice. Dumas a disséminé cette « trace » en « marge » du texte pour nous faire comprendre que tout texte de fiction contient une contradiction fondamentale par le fait même qu'il essaie désespérément de faire coïncider un monde fictif avec le monde réel. Dumas voulait démontrer que toute fiction est autocontradictoire. Le titre du chapitre, « L'intrigue se noue », ne se référait pas seulement aux amours de d'Artagnan ou de la reine, mais à la nature même de la narrativité.

Toutefois, entre ici en jeu le critère d'économie. Nerval, nous l'avons dit, voulait que nous reconstruisions la fabula, et notre affirmation se fonde sur la remarquable abondance de signaux temporels dans *Sylvie.* Il est difficile d'imaginer que ces signaux soient fortuits ; ce n'est pas un hasard si la seule date précise du roman apparaît juste à la fin, comme pour nous amener à tout relire afin de retrouver la séquence de la fabula que le narrateur avait perdue et que nous n'avions pas encore identifiée. Les signaux temporels dont Nerval constelle son texte se situent tous à des nœuds importants de l'intrigue, aux moments précis où le lecteur est invité à accomplir des sauts à travers le temps, à abandonner le présent narratif pour plonger dans une autre portion de passé. Ils sont comme de pâles signaux sémaphoriques disséminés dans la brume.

En revanche, si on partait à la chasse aux anachronismes chez Dumas, on en trouverait sans doute beaucoup, mais aucun en des points vraiment stratégiques. Dans l'épisode où il est question de la rue Servandoni, toute la construction textuelle élaborée par la voix narratrice est centrée sur la jalousie de d'Artagnan, dont le drame ne changerait pas d'un iota s'il avait suivi d'autres rues. Un critique formé à l'école du soupçon pourrait observer, il est vrai, que l'ensemble du chapitre tourne autour d'une confusion sur l'identité des personnes : d'abord on voit une ombre, puis on l'identifie comme étant Madame Bonacieux, puis elle parle avec quelqu'un que d'Artagnan prend pour Aramis avant de découvrir qu'il s'agit d'une femme, enfin Madame Bonacieux est accompagnée de quelqu'un que d'Artagnan prend à nouveau pour Aramis ou pour un des amants de Madame Bonacieux, et l'on apprendra qu'il s'agit de Lord Buckingham, l'amant de la Reine... Pourquoi ne pas penser que l'échange des rues est intentionnel, fonctionnant comme annonce et allégorie de l'échange des personnes, et qu'il y a un subtil parallélisme entre les deux types d'équivoque ?

La réponse est simple : tout au long du livre, les échanges de personnes et le jeu de révélations et identifications forment entre eux un système — dont le roman populaire du XIXe est coutumier. D'Artagnan ne cesse de reconnaître en tous les inconnus de passage le tristement célèbre homme de Meung ; il croit Madame Bonacieux infidèle mais s'aperçoit ensuite qu'elle a la pureté d'un ange ; sous les traits de Milady, Athos identifiera Anne de Breuil, qu'il avait épousée des années plus tôt avant de découvrir que c'était une criminelle ; dans le bourreau de Lille, Milady reconnaîtra le frère de l'homme qu'elle avait mené à la ruine ; et ainsi de suite. En revanche, l'anachronisme de la rue Servandoni n'est suivi d'aucune révélation. Aramis continuera à vivre dans cette rue inexistante durant tout le roman, et même après. Si l'on accepte les règles du roman de cape et d'épée du XIXe siècle, la rue Servandoni devient une impasse.

Jusqu'à présent, en nous demandant ce qui serait arrivé si Nerval avait dit que la voiture n'était tirée par aucun cheval, si Rex Stout avait situé Alexanderplatz à New York, si Dumas avait fait prendre à d'Artagnan la rue Bonaparte, nous avons joué à de divertissantes expériences mentales. Certes, nous nous sommes amusés, comme le font parfois les philosophes, mais il ne faudrait pas oublier que Nerval n'a jamais dit que la voiture était sans cheval, que Stout n'a jamais situé Alexanderplatz à New York, et que Dumas n'a jamais fait prendre à d'Artagnan la rue Bonaparte.

La compétence encyclopédique (les limites posées à l'incommensurable ampleur de l'Encyclopédie Maximale qu'aucun d'entre nous ne possédera jamais) demandée au lecteur est circonscrite par le texte. Le lecteur modèle de Dumas devrait probablement savoir que Napoléon Bonaparte ne pouvait avoir une rue à son nom en 1625, et d'ailleurs, Dumas ne commet pas cette erreur. Ce même lecteur n'est probablement pas tenu de connaître Servandoni, aussi Dumas peut-il se permettre de le nommer en mauvaise place. Un texte fictionnel suggère certaines des compétences que le lecteur devrait avoir, il en institue d'autres, et pour le reste, il demeure dans le vague, sans nous imposer aucunement d'explorer l'ensemble de l'Encyclopédie Maximale.

Quant au format précis de l'Encyclopédie demandée au lecteur, cela est matière à conjecture. Le découvrir signifie découvrir la stratégie de l'auteur modèle, qui n'est pas *une* image dans le tapis, mais la règle grâce à laquelle on peut discerner *plusieurs* « images » dans le tapis narratif.

Quelle est la morale de cette histoire ? Que les textes fictionnels viennent au secours de notre insuffisance métaphysique. Nous vivons dans le grand labyrinthe du monde — beaucoup plus vaste et complexe que le bois du *Petit Chaperon Rouge* — dont nous n'avons pas encore réussi à identifier tous les chemins, et dont nous ne saurons jamais exprimer le dessin total. Espérant qu'il y ait des règles du jeu, l'humanité s'est posé au long des millénaires le problème de savoir si ce labyrinthe avait un ou plusieurs auteurs. Et elle a envisagé Dieu, ou les Dieux, comme des auteurs empiriques, des narrateurs ou un auteur modèle. D'une divinité empirique, on se demande comment elle est, si elle a une barbe, si c'est un Lui, une Elle ou un Ça ; si elle vit en plein ciel ou au sommet de l'Olympe ; si elle est née, si elle existe depuis toujours, ou même (de nos jours), si elle est morte, comme Marx et Freud. On a cherché partout une divinité Narrateur, dans les viscères des animaux, le vol des oiseaux, le buisson ardent et la première phrase des Dix Commandements. Mais d'aucuns — les philosophes bien sûr, et maintes religions — l'ont cherchée comme Règle du Jeu, comme Loi qui rend (ou rendra un jour) le labyrinthe du monde parcourable et compréhensible. En ce cas, la divinité est quelque chose qu'il nous faut découvrir en même temps que nous découvrons la raison pour laquelle nous sommes au cœur de ce labyrinthe, ou du moins au moment où nous devinons la façon dont on nous demande de le parcourir.

J'ai écrit un jour *(Apostille au « Nom de la Rose »)* que nous aimons les romans policiers parce qu'ils posent une question identique à celle des philosophies et des religions : « *Whodunnit?* Qui a fait ça ? qui est le responsable de tout cela ? » Mais il s'agit là d'une métaphysique destinée au lecteur de premier degré. Le lecteur de second degré pousse plus loin son interrogation : comment dois-je identifier (par conjecture) ou même comment dois-je construire l'auteur modèle afin que ma lecture ait un sens ? Stephen Dedalus se demandait si un homme qui taille au hasard un bloc de bois et en tire, sans l'avoir voulu, l'image d'une vache, a créé une œuvre d'art. Aujourd'hui, après la poétique de l'*objet trouvé* ou du *ready made,* on connaît la réponse : c'est une œuvre d'art si, derrière cette forme casuelle, on réussit à s'imaginer la stratégie formatrice d'un auteur. Il s'agit d'un cas extrême où, pour devenir un bon lecteur, on est devenu en même temps un bon auteur. Mais c'est un cas extrême exprimant à merveille le lien indissoluble, la dialectique entre auteur et lecteur modèle qui doit se réaliser en tout acte de lecture.

Dans cette dialectique, nous répondons à l'invitation de l'Oracle de Delphes, « Connais-toi toi-même ». Et puisque, selon Héraclite, « le Dieu dont l'oracle est à Delphes ne parle ni ne cache, il fait des signes », cette connaissance reste illimitée parce qu'elle assume la forme d'une interrogation continuelle.

Cette interrogation, bien que potentiellement infinie, est toutefois limitée par le format réduit de l'Encyclopédie requise par une œuvre de fiction. En revanche, nous ne sommes pas sûrs du tout que le monde réel, avec ses répliques possibles à l'infini, soit fini et illimité ou infini et limité.

Mais la narrativité nous fait sentir à notre aise face à la réalité pour une autre raison. Je m'explique. Les crypto-analystes ou les décrypteurs de codes secrets obéissent à une règle d'or : tout message est déchiffrable, pourvu que l'on sache qu'il s'agit d'un message. Avec le monde réel, le problème est que nous nous demandons depuis la nuit des temps si ce message existe et s'il a un sens. Quant à l'univers narratif, nous avons la certitude qu'il constitue un message, qu'une autorité d'auteur est derrière lui, comme étant son origine et un ensemble d'instructions pour la lecture.

Ainsi, notre recherche de l'auteur modèle est la recherche de l'Ersatz d'une autre image, celle d'un Père, qui se perd dans la brume de l'infini, si bien que nous ne nous lassons jamais de nous demander pourquoi il y a de l'Être plutôt que du Néant.

6

Protocoles fictifs

Si les mondes narratifs sont si confortables, pourquoi ne pas tenter de lire le monde réel comme un roman ? Ou bien, si les mondes de la fiction narrative sont si petits et trompeusement confortables, pourquoi ne pas chercher à construire des mondes narratifs qui soient aussi complexes, contradictoires et provocateurs que le monde réel ?

Permettez-moi de répondre d'abord à la seconde question. C'est exactement ce qu'ont fait Dante, Rabelais, Shakespeare, et Joyce. Sans oublier Nerval, évidemment. Quand je traitais des « œuvres ouvertes », je pensais à ces œuvres littéraires qui entendent paraître aussi ambiguës que la vie elle-même. Il est vrai que dans *Sylvie,* nous avons la certitude absolue qu'Adrienne est morte en 1832, alors que nous ne sommes pas vraiment sûrs que Napoléon soit mort en 1821 — qui sait ? grâce à Julien Sorel, il pourrait avoir fui Sainte-Hélène, en laissant là-bas son sosie, avoir passé les dernières années de sa vie à Loisy, sous le nom de Père Dodu, et y avoir rencontré le Narrateur en 1830. Cela dit, pour le reste de l'histoire de *Sylvie,* le jeu ambigu entre vie et songe, entre passé et présent, ressemble davantage à l'incertitude dominant notre vie quotidienne qu'à cette belle assurance avec laquelle Scarlett O'Hara savait que « demain est un autre jour ».

Passons maintenant à la première question. Dans *l'Œuvre ouverte*, en commentant la stratégie du direct télévisé qui cadre un flux d'événements fortuits à travers des structures narratives, j'observais que la vie ressemble certainement plus à *Ulysse* qu'aux *Trois Mousquetaires*, et pourtant chacun est enclin à la lire comme si elle était un récit de Dumas plutôt que de Joyce [1].

Mon personnage Jacopo Belbo, dans *le Pendule de Foucault,* semble approuver cette opinion, lorsqu'il dit :

> Je pensais qu'un vrai dandy n'aurait jamais fait l'amour avec Scarlett O'Hara ni avec Constance Bonacieux ou Aurore de Caylus non plus. Moi je jouais avec le feuilleton, pour faire un petit tour hors de la vie. Il me rassurait parce qu'il me proposait ce qu'on ne peut atteindre. Eh bien non.
> — Non ?
> — Non. Proust avait raison : la vie est mieux représentée par la mauvaise musique qu'elle ne l'est par une Missa Solemnis. L'art se moque de nous et nous rassure, il nous fait voir le monde comme les artistes voudraient qu'il fût. Le feuilleton fait semblant de plaisanter, mais au fond il nous fait voir le monde tel qu'il est, ou au moins tel qu'il sera. Les femmes ressemblent plus à Milady qu'à Clélia Conti, Fu Manchu est plus vrai que Nathan le Sage, et l'Histoire ressemble davantage à ce que raconte Sue qu'à ce que projette Hegel [2].

Une observation amère, certes, émise par un per-

1. *L'Œuvre ouverte,* Paris, Seuil, 1965, p. 168, note 13.
2. *Le Pendule de Foucault,* traduit de l'italien par Jean-Noël Schifano, Paris, Grasset, 1990, pp. 504-505.

sonnage déçu. Mais elle décrit assez bien notre tendance à comprendre ce qui nous arrive en termes de ce que Barthes appelait un *texte lisible.* Puisque la fiction narrative semble plus confortable que la réalité, essayons d'interpréter cette dernière comme une fiction narrative.

Au cours de cette ultime conférence, j'analyserai quelques cas où nous sommes amenés à mêler fiction et réalité, à lire la réalité comme une fiction et la fiction comme une réalité. Certaines de ces confusions sont agréables et innocentes, d'autres absolument nécessaires, et d'autres enfin tragiquement préoccupantes.

En 1934, Carlo Emilio Gadda publiait dans un journal un article intitulé *Matinée aux abattoirs.* Il s'agissait de la description de l'abattoir de Milan, mais, Gadda étant un très grand écrivain, l'article constituait un bel exemple de narrativité. Récemment, Andrea Bonomi[1] a proposé une intéressante expérience mentale. Imaginons que l'article (resté inédit) ne mentionne jamais la ville de Milan, parlant seulement de « cette ville » et qu'un chercheur en trouve un exemplaire qu'il croit unique dans les inédits de Gadda. Le chercheur lit, sans savoir s'il s'agit de la description d'un fragment de notre monde ou d'une fiction. C'est pourquoi, ne se demandant pas si les affirmations contenues dans le texte sont vraies, il éprouve une jouissance à reconstruire un univers, celui des abattoirs d'une certaine ville, même si cette ville n'existe pas. Plus tard, notre chercheur découvre aux archives de l'abattoir de Milan un autre exem-

1. Andrea Bonomi, *Lo spirito della narrazione,* Milan, Bompiani, 1994, chapitre 4.

plaire de l'article, avec en marge une annotation du directeur des abattoirs, qui avait jadis écrit « description minutieuse, absolument exacte ». Donc, le texte de Gadda parlait d'un abattoir existant, c'était un article de journal, un reportage, que l'on devait juger pour sa véridicité, pour sa correspondance à un état de fait qui se produit ou s'était produit dans le monde où nous vivons. Bonomi argumente en affirmant que, même s'il change d'opinion quant à la nature du texte, le chercheur n'a aucun besoin de le relire : le monde décrit, les individus qui l'habitent, leurs propriétés sont identiques ; simplement, le chercheur « projette » désormais cette description sur la réalité. Et Bonomi de commenter : « Pour saisir le contenu d'un compte rendu décrivant un certain état de choses, il n'est pas nécessaire d'appliquer à ce contenu les catégories du vrai et du faux. »

Il ne s'agit pas uniquement d'une affirmation frappée au coin du bon sens. En réalité, nous tendons à penser que, lorsque qu'on nous raconte certains événements, nous nous mettons instinctivement en situation d'alerte car nous assumons que celui qui parle ou écrit veut dire la vérité, et nous nous apprêtons donc à juger vrai ou faux ce que nous écoutons ou lisons. En revanche, nous estimons que c'est seulement dans certains cas privilégiés — quand apparaît un signal de fiction — que nous devons suspendre notre incrédulité et nous préparer à entrer dans un autre monde. Au contraire, l'expérience mentale sur Gadda prouve que lorsque nous sommes face à une série de propositions racontant qu'il est arrivé ceci ou cela à quelqu'un quelque part, nous collaborons à la construction d'un univers doté d'une sorte de cohérence interne ; et après seulement, nous décidons s'il faut entendre ces propositions comme la description d'un univers réel ou d'un monde imaginaire.

Cela nous amène à reconsidérer une distinction assez courante chez les théoriciens du texte, celle entre *narrativité naturelle et narrativité artificielle*[1]. On a une narrativité naturelle quand on raconte une séquence d'événements réellement arrivés, dont le locuteur croit qu'ils se sont produits ou veut faire croire (en mentant) qu'ils se sont vraiment produits. Le récit que je pourrais faire de ce que j'ai vécu hier est de la narrativité naturelle, de même que la nouvelle d'un journal ou l'ensemble de l'*Histoire de France* de Michelet. La narrativité artificielle serait constituée par la fiction narrative, laquelle feint seulement de dire la vérité, ou assume de dire la vérité dans le cadre d'un univers de discours fictionnel.

On croit reconnaître la narrativité artificielle grâce au « paratexte », c'est-à-dire toutes ces informations entourant le texte, du titre à la mention « Roman » sur la couverture. Parfois, le nom même de l'auteur joue comme élément paratextuel : ainsi, au siècle dernier, un lecteur était sûr qu'un livre signé par « l'Auteur de Waverley » était à n'en pas douter une œuvre de fiction. Le signal fictionnel le plus évident, lorsqu'il est interne au texte, est la formule introductive « Il était une fois... »

Pourtant, il n'en va pas toujours ainsi. L'incident historique provoqué par Orson Welles avec sa fausse émission sur l'invasion des Martiens, dépendait du fait que, pour les auditeurs, une nouvelle donnée à la

1. Cf. par exemple Theun Van Dijk, « Action, Action Description and Narrative », *Poetics,* 5, 1974, pp. 287-338.

radio était un exemple de narrativité naturelle ; Welles, lui, pensait leur avoir fourni assez de signaux fictionnels. Mais beaucoup de gens s'étaient mis à l'écoute après le début de l'émission, d'autres n'avaient pas compris les signaux de fictionnalité et avaient *projeté* le contenu de l'émission sur le monde réel.

Mon ami Giorgio Celli, écrivain et entomologiste, a un jour écrit un récit sur le crime parfait, dont nous étions tous deux les protagonistes. Le personnage Celli introduisait dans le tube de dentifrice du personnage Eco une substance chimique attirant sexuellement les guêpes ; Eco se lavait les dents avant d'aller se coucher, et la substance, restée en quantité suffisante sur ses lèvres, attirait des essaims de guêpes excitées sur son visage, avec des effets mortels. Le récit fut publié en troisième page du quotidien bolonais *Il resto del carlino.* Vous devez savoir que la troisième page des quotidiens italiens, du moins jusqu'à il y a quelques années, était régulièrement consacrée à la culture. À gauche de la page, l'article que nous appelons « *elzeviro* » était soit une critique, soit un bref essai, soit un récit. Le récit de Celli parut en position d'*elzeviro* sous le titre « Comment j'ai tué Umberto Eco ». Les rédacteurs du quotidien pensaient bien sûr que les lecteurs savaient que les articles publiés par un journal sont à prendre au sérieux, exception faite de l'*elzeviro,* qui doit ou peut être entendu comme un exemple de narrativité artificielle.

Or, ce matin-là, en me présentant à mon bar habituel pour prendre un café, je fus accueilli par les cris de joie et de soulagement des patrons qui croyaient que Celli m'avait vraiment tué. J'ai attribué cet incident au fait que ces gens n'avaient pas une culture suffisante pour connaître les conventions journalistiques ; mais plus tard, croisant le directeur de l'institut, homme cultivé et parfaitement au courant de ces conventions, il me dit avoir sursauté en lisant son journal. Un sursaut bref. Néanmoins, il a cru un court instant que ce titre d'un journal qui, par définition, raconte des événements vraiment advenus, relatait une nouvelle réelle.

On a affirmé que la narrativité artificielle est structurellement plus complexe que la narrativité naturelle, mais toute tentative de mettre au jour leurs différences structurelles est généralement anéantie par une série de contre-exemples. Si on assume que la fiction narrative présente des personnages accomplissant ou subissant des actions au cours des événements, et que ces actions font passer la situation d'un personnage d'un état initial à un état final, ces conditions requises s'appliquent également au récit suivant, sérieux et vrai : « Hier soir j'étais mort de faim, je suis allé dîner, j'ai mangé un *steak and lobster,* et après je me suis senti satisfait[1]. » Si l'on ajoute que ces actions doivent être difficiles et comporter un choix dramatique et inattendu, je suis sûr que Jerome K. Jerome aurait raconté de façon dramatique l'angoisse qui s'était emparée de lui devant le choix cornélien entre steak et langouste, et la manière géniale dont il avait résolu son drame. Et pouvons-nous dire que les personnages d'*Ulysse* sont

1. *Steak and lobster,* steak et langouste, est le classique plat de « prestige » servi dans certains restaurants américains pour des clients qui veulent profiter du meilleur de la vie, mais à des prix raisonnables (le steak et la langouste sont tous deux servis en portions plus modestes que d'habitude).

confrontés à des choix plus dramatiques que ceux qui se posent à nous dans la vie quotidienne ? Même les préceptes aristotéliciens (le personnage ne sera ni pire ni meilleur que nous, il subira de brusques revers de fortune, il connaîtra des péripéties et des agnitions, l'action atteindra un point de catastrophe suivi de la catharsis) ne suffisent pas à définir une fiction narrative, car nombre des *Vies* de Plutarque remplissent ces conditions.

Autre éventualité : le fictionnel se signale par son insistance sur des détails historiquement invérifiables, par l'exploration des profondeurs mentales et affectives du personnage. Mais Barthes, en traitant des « effets de réalité », citait un passage de l'*Histoire de France* de Michelet (V, La Révolution, 1869) où l'auteur, à propos de Charlotte Corday en prison, insère un effet narratif typique (par l'insistance sur des détails invérifiables) : « Au bout d'une heure et demie, on frappa doucement à une petite porte qui était derrière elle[1]... »

Bien entendu, une narration naturelle commence rarement par des signaux de fictionnalité, c'est pourquoi, malgré le titre, on tient pour fictionnelle l'*Histoire vraie* de Lucien de Samosate qui, au deuxième paragraphe, annonce sans ambages : « J'ai présenté sous un air de vérité et de crédibilité des mensonges de diverses espèces... » De la même manière, Fielding débute son *Tom Jones* en avertissant qu'il présente un roman.

---

1. « L'effet de réel », in *le Bruissement de la langue,* Paris, Seuil, 1984, p. 179.

Et pourtant, la fiction narrative commence souvent par un faux signal de véridicité. Comparons des couples de débuts :

> J'ai bien souvent partagé les justes regrets des studieux frères de notre Ordre [...] de ne voir, parmi nos contemporains, personne s'occuper de transmettre à la postérité, sous quelque forme que ce fût, les événements multipliés dont nous sommes témoins, dans les églises du Seigneur comme parmi les peuples.

> La magnificence et la galanterie n'ont jamais paru en France avec tant d'éclat que dans les dernières années du règne de Henri second [...]

Le premier est le début des *Chroniques en cinq livres* de Raoul Glaber, le second est celui de *la Princesse de Clèves* de Madame de Lafayette ; et soit dit en passant, le second continue pendant des pages et des pages avant que l'on puisse se rendre compte qu'il s'agit d'un roman et non d'une chronique.

> Auguste, voyant à Rome de riches étrangers qui, en se promenant, portaient dans leurs bras et caressaient des jeunes chiens ou des petits singes, leur demanda, dit-on, si dans leur pays les femmes ne leur donnaient pas d'enfants.

> Le 6 août 1968 on me mit dans les mains un livre dû à la plume d'un certain abbé Vallet [...]. Le Livre, accompagné d'indications historiques en vérité fort minces, affirmait qu'il reproduisait fidèlement un manuscrit du XIVe siècle [...]

Le premier début semble celui d'un récit fantastique, il s'agit de la *Vie de Périclès* de Plutarque, tandis que le second est celui du *Nom de la Rose.*

> Si jamais la narration des aventures d'un simple particulier de par le monde vaut d'être publiée et de recevoir ensuite bon accueil, l'auteur du présent ouvrage pense que c'est bien le cas de celle-ci. Les merveilles de la vie de cet homme dépassent — pense-t-il — tout ce que l'on a vu jusqu'ici.[...] L'éditeur pense que c'est là une narration exacte des faits ; il n'y existe d'ailleurs aucune apparence de fiction.

> Nos lecteurs ne seront peut-être pas fâchés que nous saisissions cette occasion de leur présenter une légère esquisse de la vie du plus grand roi qui ait, dans les temps modernes, occupé un trône par droit de naissance. Il sera impossible, nous le craignons, de resserrer dans les limites que nous devons nous imposer une histoire si longue et si pleine d'événements.

Le premier est le début de *Robinson Crusoé,* le second est celui de l'essai de Macaulay sur Frédéric le Grand.

> Je ne dois commencer à raconter ma vie sans mentionner mes bons parents, dont le caractère et l'affection influèrent sur mon éducation et sur les dispositions de mon physique.

> Il est assez curieux que, peu enclin comme je le suis à beaucoup parler de mon personnage à mes parents et amis dans l'intimité d'un coin de mon feu, je me laisse pour la deuxième fois entraîner dans l'autobiographie en m'adressant au public.

Le premier est le début des *Mémoires* de Giuseppe Garibaldi, le second de *la Lettre écarlate* de Hawthorne.

Il existe, il est vrai, certains signaux de fictionnalité assez explicites : entamer la narration *in medias res,* commencer par un dialogue, insister très vite sur une histoire individuelle et non générale, et surtout donner des signaux d'ironie immédiats, comme Musil par exemple, qui débute *l'Homme sans qualités* par une demi-page de description météorologique dense de termes techniques (« On signalait une dépression au-dessus de l'Atlantique ; elle se déplaçait d'ouest en est en direction d'un anticyclone situé au-dessus de la Russie, et ne manifestait encore aucune tendance à l'éviter par le nord »), avant de conclure : « Autrement dit, si l'on ne craint pas de recourir à une formule démodée mais parfaitement judicieuse : c'était une belle journée d'août 1913[1]. » Toutefois, il suffit d'une œuvre de fiction n'offrant pas l'une de ces caractéristiques (et on pourrait en fournir des dizaines d'exemples), pour dire qu'il n'existe aucun signal incontestable de fictionnalité — à moins que n'interviennent des éléments du paratexte.

Donc, souvent, *on ne décide pas d'entrer* dans un monde fictionnel, *on s'y trouve dedans* : à un moment donné, on s'en aperçoit et on décide que ce qui nous arrive est un rêve. Certes, comme le disait Novalis, nous sommes proches de l'éveil quand nous rêvons que nous rêvons. Mais cet état de demi-sommeil — qui était celui du Narrateur de *Sylvie* — pose beaucoup de problèmes.

Dans la fiction narrative, les références au monde réel se mêlent si étroitement que, après avoir habité un roman et en avoir confondu, ainsi qu'il convient de le faire, les éléments fantastiques et les références à la réalité, le lecteur ne sait plus très bien où il en est.

Cela donne alors lieu à certains phénomènes bien connus. Le premier consiste à projeter le monde

1. *L'Homme sans qualités,* traduit de l'allemand par Philippe Jaccottet, Paris, Seuil, 1956, p. 9.

fictionnel sur la réalité, autrement dit à croire en l'existence réelle de personnages et d'événements fictifs. Le cas le plus célèbre est celui de ces gens qui ont cru ou croient à la véritable existence de Sherlock Holmes. Mais je ne m'arrêterai pas là : si vous visitez Dublin en compagnie de fidèles de Joyce, vous vous apercevrez vite combien il est difficile, pour eux comme pour vous, de séparer la ville décrite par Joyce de la ville réelle, une confusion accrue par le fait que les spécialistes ont retrouvé les vrais individus que Joyce a pris pour modèles. Ainsi, en longeant les canaux ou en montant à la Martello Tower, vous vous mettez à confondre Gogarthy avec Lynch ou Cranly et le jeune Joyce avec Stephen Dedalus.

À propos de Nerval, Proust écrit « On frissonne quand on a lu dans un indicateur de chemin de fer le nom de Pontarmé [1] ». Après avoir reconnu en *Sylvie* le songe d'un songe, il se prend à rêver de ce Valois qui existe réellement, dans l'absurde espoir d'y retrouver la jeune fille devenue elle aussi une partie de ses propres rêves.

Le fait de prendre au sérieux les personnages fictifs produit en outre une narrativité intertextuelle, où l'intervention — dans un roman ou un drame — du personnage d'un autre roman va jusqu'à fonctionner comme signal de véridicité : ainsi, à la fin du second acte de *Cyrano de Bergerac,* le héros est félicité par un mousquetaire, dont on dit avec admiration qu'il s'agit de d'Artagnan. Le d'Artagnan de la fiction dumasienne devient garant de vérité pour l'histoire de Cyrano — même si nous connaissons le d'Artagnan

1. « Gérard de Nerval », in *Contre Sainte-Beuve, op. cit.,* p. 156.

historique grâce à des témoignages fantaisistes, tandis que nous savons tout sur le Cyrano historique.

Quand les personnages fictifs peuvent émigrer de texte en texte, cela signifie qu'ils ont acquis un droit de citoyenneté dans le monde réel, s'affranchissant du récit qui les a créés. Récemment, j'ai inventé cette histoire, me fiant au fait que désormais le postmoderne a préparé les lecteurs à n'importe quel type de dépravation métanarrative :

> Vienne, 1950. Vingt ans ont passé, mais Sam Spade n'a pas renoncé à s'emparer du faucon maltais. Son contact est maintenant Harry Lime, et tous deux sont en train de comploter au sommet de la roue du Prater. Ils descendent et se rendent au Café Mozart, où Sam joue dans un coin, sur une lyre, « As time goes by ». À la table du fond, la cigarette au coin des lèvres tordues en une grimace amère, se tient Rick. Il a trouvé un indice parmi les documents que lui a montrés Ugarte, et il montre une photo de Ugarte à Sam Spade : « Cairo ! » murmure le détective. Rick continue : à Paris, où il était entré triomphalement avec le capitaine Renault à la suite de De Gaulle, il avait appris l'existence d'une certaine Dragon Lady (la meurtrière présumée de Robert Jordan pendant la guerre civile espagnole), que les services secrets avaient mise sur les traces du faucon. Elle devrait être là d'une minute à l'autre. La porte s'ouvre, une silhouette féminine apparaît. « Ilsa ! » — s'écrie Rick. « Brigid ! » — s'écrie Sam Spade. « Anna Schmidt ! » — s'écrie Lime. « Miss Scarlett ! s'écrie Sam, Vous êtes revenue ! Ne faites plus de mal à mon maître ! »
>
> Dans la pénombre du bar, un homme s'avance, un sourire sarcastique sur les lèvres. C'est Philip Marlowe. « Allons-y, Miss Marple, dit-il à la femme, le Père Brown nous attend à Baker Street ».

Quand cela devient-il facile d'attribuer une existence réelle à un personnage fictif ? Attention, cela ne concerne pas tous les personnages fictifs. Ça n'est jamais arrivé à Gargantua, Don Quichotte, Madame Bovary, Long John Silver ou Popeye (pas plus celui de Faulkner que celui des *comic books*). En revanche, c'est le cas de Sherlock Holmes, Siddhartha et Rick Blaine. Eh bien, selon moi, cette vie extratextuelle et intratextuelle des personnages coïncide avec le phénomène du culte. Pourquoi un film devient-il un *cult movie*, pourquoi un roman ou un poème deviennent-ils un *cult book* ?

Il y a longtemps, essayant d'expliquer la raison pour laquelle *Casablanca* était devenu un objet de culte, j'ai émis l'hypothèse qu'une condition du succès et du culte était la « dissociation » de l'œuvre. Mais dissociation implique « dissociabilité ». Je m'explique. On sait aujourd'hui que *Casablanca* a été construit au jour le jour, sans savoir comment l'histoire finirait ; si Ingrid Bergman s'y montre tellement fascinante et mystérieuse, c'est qu'en tournant, elle ignorait encore lequel des deux hommes elle devrait choisir à la fin et elle leur souriait donc avec ambiguïté et une égale tendresse. En outre, nous savons que, ayant à mener à bien une histoire indéterminée, scénaristes et metteur en scène ont convoqué tous les clichés de l'histoire du cinéma et de la narrativité, transformant le film en une sorte de musée pour cinéphiles. Et c'est pourquoi le film peut être saucissonné en autant de petits bouts dissociés, chacun devenant une citation, un archétype. *The Rocky Horror Picture Show,* film culte par excellence, a connu un sort identique parce que, étant dépourvu de forme, il est donc décomposable et déformable à l'infini. Dans un célèbre essai, Eliot a émis l'hypothèse que telle était peut-être la raison du succès de *Hamlet.*

Hamlet serait la fusion pas totalement accomplie de diverses sources précédentes, où le thème dominant est la vengeance. La temporisation est due aux difficultés d'assassiner un roi entouré de ses gardes. La folie de Hamlet représente une tentative, couronnée de succès, d'échapper aux soupçons. Shakespeare veut développer le motif de la culpabilité maternelle et son effet sur l'âme de son fils, mais il ne réussit pas à l'imposer sur le matériel « difficile à manier » de ses sources. Donc, « l'atermoiement de la vengeance n'est pas expliqué par des raisons de nécessité ou d'opportunisme, et la " folie " a pour effet, non point d'endormir mais d'éveiller les soupçons du roi [...] Et ils sont probablement plus nombreux ceux qui ont pensé de *Hamlet* que c'était une œuvre d'art parce qu'ils le trouvaient intéressant, que ceux qui l'ont trouvé intéressant parce que c'était une œuvre d'art. C'est le *Monna Lisa* de la littérature[1] ».

L'immense succès millénaire de la *Bible* est dû à sa dissociabilité, étant donné que c'est l'œuvre de plusieurs auteurs. La *Divine Comédie* n'est absolument pas dissociée, mais en raison de sa complexité, du nombre de personnages y figurant et des aventures racontées (tout ce qui concerne « Ciel et Terre », selon Dante), elle en arrive à être dissociable au point que ses fanatiques vont jusqu'à l'exploiter en tant que réservoir à énigmes, de la même manière qu'au Moyen Age on utilisait Virgile comme manuel de prophéties et divinations, à l'image de ce qu'on allait faire plus tard avec Nostradamus (autre bel exemple de succès dû à sa radicale et irrémédiable dissociation, puisqu'on peut mélanger à loisir ses *Centuries*). Si la

1. T.S. Eliot, *Essais choisis op. cit.*, pp. 168-169.

Comédie est décomposable, le *Décameron* ne l'est pas, chaque nouvelle étant à prendre dans son intégrité. Où l'on voit que la « dissociabilité » ne dépend nullement de la valeur esthétique de l'œuvre. *Hamlet* reste un texte fascinant — même Eliot n'a pas réussi à nous convaincre de moins l'aimer — alors que peu de gens, je présume, seraient disposés à attribuer au *Rocky Horror Picture Show* une grandeur shakespearienne. Et pourtant ils sont tous deux objets de culte, l'un parce que dissociable, l'autre parce que tellement dissocié qu'il autorise tous les jeux d'interaction possible. Pour devenir Sacré, un bois doit être enchevêtré comme les forêts des Druides et non ordonné comme un jardin à la française.

Une œuvre de fiction peut donc déborder sur la vie, et il y a à cela de nombreuses raisons. Mais aujourd'hui, il nous faut aborder aussi un autre sujet, beaucoup plus important : notre aptitude à construire la vie comme un récit.

Selon le mythe judéo-chrétien des origines, Adam a donné leurs noms aux choses. Au cours de la séculaire recherche d'une langue parfaite[1], on a tenté de reconstruire la langue d'Adam, lequel aurait su nommer les choses en fonction de leur nature ; pendant des siècles on a pensé qu'il avait inventé une nomenclature, à savoir une liste de *désignateurs rigides,* de noms de genres naturels, pour assigner un nom « vrai » aux chevaux, aux pommes ou aux chênes. Au XVIIe siècle seulement, Francis Lodwick avança l'idée

1. Cf. Umberto Eco, *La ricerca della lingua perfetta nella cultura europea,* Bari, Laterza, 1993 ; traduit de l'italien par Jean-Paul Manganaro, *la Recherche de la langue parfaite dans la culture européenne,* Paris, Seuil, 1994.

que les noms originaux n'étaient pas des noms de substances mais d'actions : ainsi, il n'y avait pas un nom original pour le buveur ou la boisson, mais pour l'acte de boire *(to drink)*, et ce schéma d'action engendrait les noms de celui qui accomplit l'acte *(the drinker)*, de l'objet *(the drink)* et du lieu *(the drink-house)*, et ainsi de suite. Lodwick anticipait sur ce que l'on appelle aujourd'hui *la grammaire des cas* (dont Kenneth Burke fut un pionnier), selon laquelle notre compréhension d'un terme donné dans un contexte donné prend la forme d'un schéma d'instructions qui considère un Agent, un Contre-agent, un But, etc. Autrement dit, nous comprenons une phrase parce que nous sommes habitués à penser une histoire élémentaire à laquelle cette assertion se réfère, même quand on parle d'individus ou de genres naturels.

On trouve une idée similaire dans le *Cratyle* de Platon : les mots ne représenteraient pas les choses en elles-mêmes, mais l'origine ou le résultat d'une action. La forme génitive de Jupiter est *Diòs* parce que ce nom original exprimait l'activité fondamentale du roi des dieux, à savoir être *dì òn zen*, celui par lequel la vie est donnée. Pareillement, homme, *ànthropos*, est vu comme la corruption d'un syntagme précédent qui signifiait « celui qui est capable de reconsidérer ce qu'il a vu ».

Nous pourrions donc dire qu'Adam n'a pas vu, mettons, les tigres comme des exemples individuels d'un genre naturel. Il a vu certains animaux, dotés de certaines propriétés morphologiques, impliqués dans certains types d'actions, en interaction avec d'autres animaux et leur milieu naturel. Alors seulement, Adam a été capable de comprendre que ce sujet, agissant d'habitude contre d'autres contre-sujets pour atteindre certains buts et se montrant dans telles et telles circonstances, n'était qu'une partie d'une histoire — l'histoire restant inséparable du sujet, et le sujet étant une partie indispensable de l'histoire. Et ce n'est qu'à ce stade de connaissance du monde que ce sujet « x-en-action » a pu être baptisé *tigre*.

Aujourd'hui, en Intelligence Artificielle, on emploie *frames* pour évoquer les schémas d'actions (entrer dans un restaurant, aller prendre un train à la gare, ouvrir un parapluie) ; quand un ordinateur les connaît, il est en mesure de comprendre diverses situations. Mais selon le psychologue Jerome Bruner, même notre façon normale de rendre compte de l'expérience quotidienne prend la forme d'une histoire, et il en va de même avec l'Histoire en tant qu'*historia rerum gestarum.* Arthur Danto a affirmé que « l'histoire raconte des histoires » ; Hayden White a parlé de l'historiographie comme d'un « artefact littéraire ». Greimas a fondé sa théorie sémiotique sur un « modèle actanciel », sorte de squelette narratif représentant la structure profonde de tout processus sémiotique[1]. Nos rapports perceptifs fonctionnent parce que nous nous fions à un récit précédent. On ne percevrait pas pleinement un arbre si on ne savait — parce que d'autres nous l'ont raconté — qu'il est le fruit d'une lente croissance, et qu'il n'a pas poussé du jour au lendemain ; cette certitude fait

---

1. Jerome Bruner, *Actual Minds, Possible Worlds,* Cambridge, Harvard University Press, 1986 ; Arthur Danto, *Analytical Philosophy of History,* Cambridge, Harvard University Press, 1965 ; Hayden White, *Metahistory* : *The Historical Imagination in Nineteenth Century Europe,* Baltimore, Johns Hopkins University Press, 1973 ; Jorge Lozano, *El Discurso Historico,* Madrid, Alianza Editorial, 1987 ; A.J. Greimas, *Du sens,* Paris, Seuil, 1970 ; et *Du sens* II, Paris, Seuil, 1983.

partie de notre « compréhension » de ce que cet arbre est un arbre et non une fleur. Nous tenons pour certain un récit transmis par nos ancêtres, même si aujourd'hui nous appelons ces ancêtres des scientifiques.

Personne ne vit dans le présent immédiat : nous relions les choses et les événements grâce à la fonction adhésive de la mémoire, personnelle et collective (qu'elle soit histoire ou mythe). Nous vivons sur un récit historique quand, en disant « je », nous ne remettons pas en question le fait d'être la continuation naturelle de celui qui (selon nos parents ou l'état civil) est né à cette heure précise de ce jour précis de cette année précise en ce lieu précis. Et, vivant sur la base de deux mémoires (l'individuelle, qui nous permet de raconter ce qu'on a fait la veille, la collective, qui nous raconte où et quand est née notre mère), nous tendons souvent à les confondre, comme si nous avions la même expérience *oculaire* de la naissance de notre mère (voire de Jules César) que celle de notre dernier voyage.

Cet entremêlement des mémoires individuelle et collective *allonge* notre vie, fût-ce à rebours, nous faisant miroiter une promesse d'immortalité. Jouir de cette mémoire collective (à travers les récits des anciens ou les livres) nous place un peu dans la condition de Borges face au point magique de l'Aleph : d'une certaine manière, au cours de notre vie, nous pouvons frissonner avec Napoléon au souffle soudain du vent de l'Atlantique sur Sainte-Hélène, nous réjouir avec Henri V de la victoire d'Azincourt, souffrir avec César de la trahison de Brutus.

Il est alors facile de comprendre pourquoi la fiction narrative nous fascine tant. Elle nous offre la possibilité d'exercer sans limites cette faculté dont nous usons aussi bien pour percevoir le monde que pour reconstruire le passé. La fiction a la même fonction que le jeu. On l'a déjà dit, en jouant, l'enfant apprend à vivre parce qu'il simule des situations qu'il rencontrera en tant qu'adulte. Et nous, adultes, à travers la fiction narrative, nous exerçons notre capacité à ordonner l'expérience du présent comme du passé.

Mais si l'activité narrative est aussi étroitement liée à notre vie quotidienne, se pourrait-il que nous interprétions la vie comme une fiction, et qu'en interprétant la réalité, nous y insérions des éléments fictionnels ?

Laissez-moi vous citer l'exemple terrible d'une histoire dont il était évident qu'il s'agissait d'une fiction car les citations issues de sources romanesques étaient évidentes, et que, pourtant, beaucoup ont malheureusement prise pour de l'Histoire.

L'élaboration de cette histoire remonte à très loin, au début du XIVe siècle, quand Philippe le Bel fit détruire l'Ordre des Templiers. Dès lors, on n'a jamais cessé d'affabuler sur la survie clandestine de l'ordre, et aujourd'hui encore, vous trouverez sur ce thème des dizaines d'ouvrages dans les librairies spécialisées en sciences occultes[1]. Au XVIIe siècle, naît une autre histoire, celle des rose-croix, une confrérie qui fait son entrée sur la scène historique grâce à la description des Manifestes Rosicruciens (*Fama,* 1614, *Confessio,* 1615). Le ou les auteurs de ces manifestes restent formellement inconnus, et ceux à qui on les attribue en

---

1. Dans le texte américain, je me réfère aux librairies de plus en plus envahies par le *New Age.* Afin d'obtenir un effet ironique semblable, je devrais évoquer, pour l'Italie, la disparition des rayons consacrés, dans les années soixante-soixante-dix, au thème Marxisme et Révolution.

nient la paternité. Ces écrits suscitent des réactions en chaîne de la part de gens qui soutiennent l'existence de la confrérie et affirment vouloir ardemment en faire partie. Malgré certaines allusions, personne ne déclare son appartenance au groupe, car il est secret, et les écrivains rosicruciens ont coutume d'affirmer qu'ils ne sont pas rosicruciens. Cela implique *ipso facto* que tous ceux qui ont prétendu l'être ne l'étaient certainement pas. Par conséquent, non seulement il n'y a aucune preuve historique de l'existence des rose-croix, mais par définition il ne peut y en avoir, et Heinrich Neuhaus au XVIIe siècle ne pouvait démontrer leur existence que grâce à cet extraordinaire argument : « Car en ce qu'ils changent & transposent leurs noms, en ce qu'ils desguisent leurs années, en ce que, par leur confession mesme, ils viennent sans se faire cognoistre, il n'y a Logicien qui puisse nyer que necessairement il faut qu'ils soient en nature [1]. » Depuis, les siècles suivants ont vu pulluler des groupes ésotériques qui se disputent le label de seuls véritables héritiers des rose-croix originels, et affirment posséder des documents irréfutables ne pouvant toutefois être présentés à quiconque car secrets.

Au XVIIIe siècle, vient se greffer sur cette construction romanesque la franc-maçonnerie dite « occultiste et templière », qui faisait remonter ses origines aux bâtisseurs du Temple de Salomon, et introduisit dans le mythe des origines le rapport entre bâtisseurs du Temple de Salomon et Templiers, dont la tradition secrète serait parvenue à la franc-maçonnerie moderne à travers les rose-croix.

1. *Advertissement pieux & tres utile, des Freres de la Rose-Croix,* Paris, 1623.

Avant la Révolution française, on débat longuement sur ces sociétés secrètes et sur l'existence de Supérieurs Inconnus dirigeant le destin du monde. En 1789, le marquis de Luchet lance un avertissement : « Il s'est formé au sein des plus épaisses ténèbres, une société d'êtres nouveaux qui se connoissent sans s'être vus [...] Cette société adopte, du régime jésuitique, l'obéissance aveugle ; de la franche-maçonnerie, les épreuves et les cérémonies extérieures ; des Templiers, les évocations souterraines et l'incroyable audace[1]. »

Entre 1797 et 1798, en réponse à la révolution française, l'abbé Barruel écrit ses *Mémoires pour servir à l'histoire du jacobinisme,* un livre apparemment historique qui se lit comme un roman-feuilleton. Naturellement, tout commence avec les Templiers. Après le bûcher du grand maître Jacques de Molay, ceux-ci se transforment en une société secrète pour détruire la monarchie et la papauté, et créer une république mondiale. Au XVIIIe siècle, ils s'emparent de la franc-maçonnerie et créent une sorte d'académie dont les membres diaboliques sont Voltaire, Turgot, Condorcet, Diderot et d'Alembert — un cénacle d'où naissent les Jacobins. Or, les Jacobins sont contrôlés à leur tour par une société encore plus secrète, les Illuminés de Bavière, régicides par vocation. Résultat final de ce complot : la Révolution française.

Napoléon lui-même, intrigué par cette secte clandestine, demanda un rapport à Charles de Berkheim. Ce dernier, obéissant à la coutume des espions et informateurs secrets, eut recours à des sources publiques et communiqua à l'Empereur, en guise de

1. *Essai sur la secte des illuminés,* Paris, 1789, V et XII.

révélation inédite, tout ce qu'il aurait pu lire dans les livres du marquis de Luchet ou de l'abbé Barruel. Napoléon fut, dit-on, si fasciné par ces extraordinaires descriptions du pouvoir occulte d'un directoire de Supérieurs Inconnus, qu'il mit tout en œuvre pour entrer en contact avec eux.

Le livre de Barruel ne contenait aucune allusion aux juifs. Mais en 1806, Barruel reçut une lettre d'un certain capitaine Simonini qui lui rappelait que Manès et le Vieux de la Montagne (notoirement alliés des Templiers d'origine) étaient juifs eux aussi, que la franc-maçonnerie avait été fondée par les juifs, et que les juifs avaient infiltré toutes les sociétés secrètes. La lettre de Simonini avait probablement été forgée de toutes pièces par les agents de Fouché, lequel s'inquiétait des contacts de Napoléon avec la communauté hébraïque.

Barruel, inquiet des révélations de Simonini, aurait affirmé en privé que si on les publiait, on risquait un massacre. En fait, il écrivit un essai où il acceptait l'idée de Simonini, puis il le détruisit. Toutefois, la rumeur s'était déjà répandue. Elle ne produisit pas d'effets notables jusqu'à ce que, au milieu du siècle, les Jésuites commencent à s'inquiéter des inspirateurs anticléricaux du Risorgimento, tel Garibaldi, affiliés à la franc-maçonnerie. L'idée de montrer que les Charbonniers étaient les émissaires d'un complot judaïco-maçonnique semblait polémiquement fructueuse.

Mais, toujours au XIXe siècle, les mêmes anticléricaux tentèrent de diffamer les Jésuites, affirmant qu'ils ne faisaient que de comploter contre le bien de l'humanité. Davantage encore que certains écrivains dits « sérieux » (de Michelet et Quinet à Garibaldi et Gioberti), ce fut le romancier Eugène Sue qui popularisa ce thème. Dans *le Juif errant*, le méchant Monsieur Rodin, quintessence de la conspiration jésuitique, apparaît clairement comme une réplique des Supérieurs Inconnus de cléricale mémoire. Monsieur Rodin revient en scène dans le dernier roman d'Eugène Sue, *les Mystères du peuple*, où l'infâme plan jésuite est exposé jusqu'au moindre détail dans un document envoyé à Rodin (personnage romanesque) par le père Roothaan, général de la Compagnie (personnage historique). Enfin, dans *les Mystères du peuple*, nous retrouvons Rodolphe de Gerolstein, autre personnage romanesque arrivé tout droit des *Mystères de Paris* (un véritable livre culte, au point que des milliers de lecteurs écrivaient à ses personnages). Rodolphe, entré en possession d'une lettre du père Roothaan, en révèle le contenu à d'autres démocrates fervents : « Vous voyez, mon cher Lebrenn, comme cette trame infernale est bien ourdie, quelles épouvantables douleurs, quelle horrible domination, quel despotisme terrible elle réserve à l'Europe et au monde, si par mésaventure elle réussit... »

Après la publication des romans de Sue, un certain Maurice Joly écrit en 1864 un pamphlet d'inspiration libérale contre Napoléon III, où Machiavel, représentant le cynisme du dictateur, s'entretient avec Montesquieu. Joly attribue désormais à Napoléon III le complot jésuite décrit par Sue (ainsi que la formule classique « la fin justifie les moyens »), et j'ai trouvé au moins sept pages, sinon de véritable plagiat, du moins de longues citations inavouées. Joly fut arrêté, incarcéré pendant dix ans, et il finit par se suicider. *Exit* Joly, mais nous le retrouverons bientôt.

En 1868, Herman Goedsche, un employé des postes prussiennes, qui avait déjà publié plusieurs libelles manifestement calomnieux, écrit un roman populaire, *Biarritz*, sous le pseudonyme de Sir John Retcliffe, où il décrit une cérémonie occulte dans le cimetière de Prague. Goedsche se contente en fait de copier une scène de *Joseph Balsamo* de Dumas (1849), la rencontre entre Cagliostro, chef des Supérieurs Inconnus, et d'autres Illuminés, quand ils projettent ensemble l'affaire du Collier de la Reine. Mais au lieu de Cagliostro & Co., Goedsche met en scène les représentants des douze tribus d'Israël, réunies pour préparer la conquête du monde, ainsi que le dévoile sans ambages le Grand Rabbin. Cinq ans plus tard, un libelle russe *(les Juifs, maîtres du monde)* reprend la même histoire, mais la présente comme une vraie chronique. En 1881, *le Contemporain* publie à son tour ce récit, en affirmant qu'il provient d'une source sûre, le diplomate anglais Sir John Readcliff. En 1896, François Bournand, dans son livre *les Juifs, nos contemporains,* utilise à nouveau le discours du Grand Rabbin (nommé cette fois John Readclif). Dès lors, la réunion maçonnique inventée par Dumas, fondue au projet jésuitique inventé par Sue et attribué par Joly à Napoléon III, devient le vrai discours du Grand Rabbin, et réapparaît sous diverses formes en divers lieux.

L'histoire ne s'arrête pas là. Entre en scène un personnage qui n'est pas romanesque mais aurait mérité de l'être, Pierre Ivanovich Rachkovsky. Petit fonctionnaire russe, il est accusé par la police tsariste d'avoir eu des contacts avec les groupes de l'extrême gauche révolutionnaire ; plus tard, il devient indicateur, se rapproche des Centuries Noires, une organisation terroriste d'extrême droite et finit chef de la police politique tsariste (la terrible Okhrana). Or, Rachkovsky, afin d'aider son protecteur politique (le comte Sergheï Witte), inquiété par un de ses opposants, Élie de Cyon, avait fait perquisitionner la demeure de ce dernier. Il y avait trouvé un libelle où Cyon avait recopié le pamphlet de Joly contre Napoléon III, mais en attribuant les idées de Machiavel à Witte. Rachkovsky, comme tout membre des Centuries Noires, était férocement antisémite — cela se passe au moment de l'affaire Dreyfus. Il s'empare donc du texte, efface les allusions à Witte, et attribue ces idées aux juifs. Le nom Cyon, surtout s'il est prononcé à la française, rappelle phonétiquement Sion, et le fait d'attribuer la dénonciation d'un complot juif à un juif augmente la crédibilité de l'opération.

Le texte revu et corrigé par Rachkovsky constitue sans doute la source première des *Protocoles des Sages de Sion*. Son origine romanesque est manifeste car il est peu crédible, sauf dans l'œuvre de Sue, que les « méchants » expriment d'une façon si voyante et si éhontée leurs projets maléfiques. Les sages déclarent avec candeur « nous avons une ambition sans limites, une cupidité dévorante, nous sommes acharnés à une vengeance impitoyable et brûlante de haine ». Toutefois, comme pour *Hamlet* selon Eliot, la diversité des sources romanesques rend ce texte assez incongru.

Les Anciens Sages veulent abolir la liberté de la presse mais ils encouragent le libertinage. Ils critiquent le libéralisme mais soutiennent l'idée des multinationales capitalistes. Ils souhaitent la révolution dans chaque pays mais, pour instiguer la rébellion des masses, ils entendent exacerber les inégalités sociales. Ils veulent construire des métropolitains pour miner les grandes villes. Ils disent que la fin justifie les moyens, et s'ils militent en faveur de l'antisémitisme, c'est pour contrôler les juifs les plus pauvres et apitoyer en même temps les Gentils devant la tragédie juive. Ils veulent abolir l'étude des classiques et de l'histoire antique, entendent encourager le sport et la communication visuelle pour abrutir les masses laborieuses... J'en passe et des meilleures.

Beaucoup ont noté que les *Protocoles* étaient facilement identifiables comme un document produit par la France du XIXe, car ils abondent en références à des problèmes de la société française de l'époque (le scandale du canal de Panama, ou les rumeurs sur la présence d'activistes juifs dans la compagnie parisienne du Métro). Et il était tout aussi facile de reconnaître parmi ces sources plusieurs romans populaires très connus. Hélas, l'histoire — une fois encore — était narrativement si convaincante qu'il fut facile de la prendre au sérieux.

Le reste de cette histoire est de l'Histoire. Un moine itinérant, Sergheï Nilus — une figure à mi-chemin entre l'intrigant et le prophète — afin de soutenir ses propres ambitions « raspoutiniennes » (il voulait devenir le confesseur du Tsar), obsédé par l'idée de l'Antéchrist, publie et commente les *Protocoles.* Après quoi, le texte voyage à travers l'Europe pour finir par tomber entre les mains de Hitler... Tout le monde connaît la suite des épisodes[1].

Est-il possible que personne ne se soit aperçu que ce collage de sources différentes (que je reconstruis à la *Figure 14*) n'était rien d'autre qu'une œuvre de fiction ? Certes, en 1921, le *Times* découvre le vieux pamphlet de Joly, et le désigne comme source des

1. Pour la reconstruction de l'ensemble de l'aventure, cf. Norman Cohn, *Histoires d'un mythe,* Paris, Gallimard, 1967, traduit de l'anglais par Léon Poliakov.

Protocoles. Mais l'évidence des faits ne suffit pas à ceux qui veulent à tout prix un roman d'épouvante. Nesta Webster, qui consacra sa vie à soutenir la version du complot des Supérieurs Inconnus et des juifs, écrit en 1924 *Secret Societies and Subversive Movements*. Elle semble parfaitement informée, connaît les révélations du *Times*, toute l'histoire de Nilus, Rachkovsky, etc., (exception faite des liens avec Dumas et Sue qui sont, je crois, une de mes découvertes), et voici les conclusions qu'elle en tire :

> La seule opinion sur laquelle je puisse m'engager est que, authentiques ou pas, les Protocoles constituent le programme d'une révolution mondiale et, vu leur nature prophétique et leur extraordinaire ressemblance avec les programmes d'autres sociétés secrètes du passé, ils sont l'œuvre soit de quelque société secrète soit de gens connaissant parfaitement les traditions desdites sociétés et sachant reproduire leurs idées et leur style [1].

Le syllogisme est impeccable : « comme les Protocoles disent ce que j'ai dit dans mon histoire, ils la confirment » ou bien « les Protocoles confirment l'histoire que j'en ai tirée, donc ils sont authentiques ». De la même manière, Rodolphe de Gerolstein, venu des *Mystères de Paris* pour entrer dans les *Mystères du peuple*, confirme avec l'autorité du premier roman la véridicité du second.

Comment réagir à ces intrusions du roman dans la vie, maintenant que nous avons vu la portée historique que peut avoir ce phénomène ? Je ne vous propose pas mes promenades aux bois du roman

---

1. Nesta Webster, *Secret Societies and Subversive Movements*, Londres, Boswell, 1924.

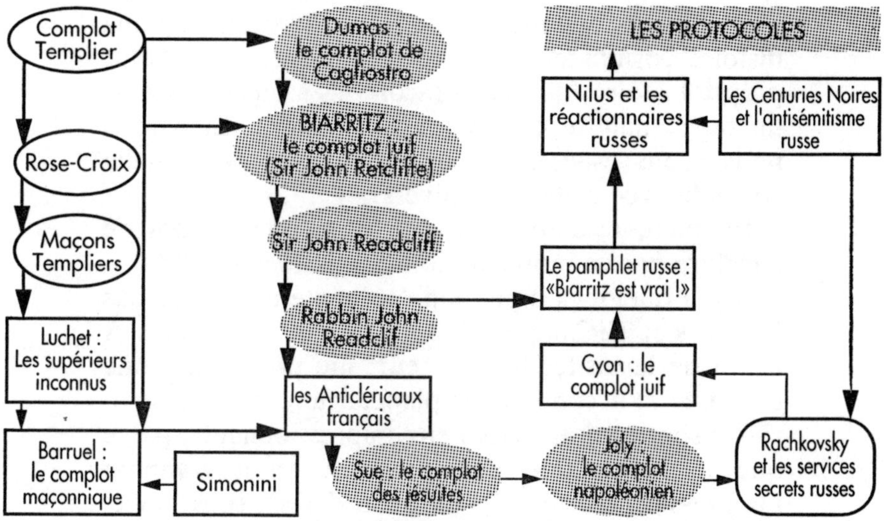

Figure 14

comme remède aux grands drames de notre temps. Mais quand même. Grâce à elles, nous avons compris le mécanisme qui favorise l'irruption de la fiction dans la vie, parfois avec des résultats innocents et agréables — un pèlerinage à Baker Street — parfois en faisant de la vie non un rêve mais un cauchemar. Réfléchir sur les rapports complexes entre lecteur et histoire, entre fiction et réalité, constitue une forme de thérapie contre tout endormissement de la raison, qui engendre des monstres.

Néanmoins, nous ne renonçons pas à lire des œuvres de fiction, car, dans les meilleurs des cas, c'est en elles que nous nous évertuons à trouver une formule susceptible de donner un sens à notre vie. Au fond, toute notre existence, nous sommes en quête d'une histoire de nos origines qui nous dise pourquoi nous naissons et nous vivons. Nous cherchons soit une histoire cosmique, l'histoire de l'univers, soit notre propre histoire (que nous racontons à un confesseur, un psychanalyste ou un journal intime). Et parfois nous osons espérer que notre histoire personnelle coïncide avec celle de l'univers.

Eh bien, cela m'est arrivé, et permettez-moi de conclure par ce morceau de narrativité naturelle.

Il y a quelques mois, j'ai été invité au Musée des Sciences et Techniques de La Corogne, en Galice. À la fin de la visite, le directeur, me promettant une surprise, m'a conduit au planétarium. Les planétariums sont toujours des lieux impressionnants, parce que, à l'extinction des lumières, on a vraiment l'impression d'être assis en plein désert, sous le ciel étoilé. Mais ce soir-là, on m'avait réservé quelque chose de plus.

Alors, le noir complet ayant été fait, au son d'une très belle berceuse de Manuel de Falla, lentement (même si tout se déroula plus vite que dans la réalité, en un quart d'heure), se mit à tourner au-dessus de ma tête le ciel de la nuit du 5 au 6 janvier 1932 sur la ville d'Alessandria. Je vivais, avec une évidence quasi hyperréaliste, ma première nuit de vie.

Je la vivais pour la première fois, car cette première nuit je ne l'ai pas vue, pas plus que ma mère sans doute, épuisée par l'accouchement. Mais mon père l'a peut-être regardée, debout en silence sur le balcon, un peu agité et sans sommeil à cause de l'admirable événement (du moins pour lui) dont il avait été le témoin et la lointaine cause concomitante.

Il s'agit d'un artifice mécanique réalisable ailleurs, et d'autres ont probablement vécu cette même expérience, mais vous me pardonnerez si, pendant ces quinze minutes-là, j'ai eu l'impression d'être le seul homme sur la surface de la terre (depuis la nuit des temps) s'unissant à sa propre Origine. J'étais si heureux que j'eus le sentiment (presque le désir) de pouvoir, de devoir mourir à ce moment-là — et les autres moments seront de toute façon plus fortuits et inopportuns. Je pouvais mourir car j'avais désormais vécu la plus belle des histoires jamais lue au cours de ma vie, j'avais enfin trouvé l'histoire que nous recherchons tous dans les pages de centaines de livres ou sur l'écran de toutes les salles obscures : un récit dont les étoiles et moi étions les seuls protagonistes. C'était de la fiction, puisque l'histoire avait été réinventée par le directeur du planétarium ; c'était de l'Histoire parce que cela racontait une situation advenue dans le cosmos à un moment donné du passé ; c'était de la vie réelle parce que moi j'étais vrai et non le personnage d'un roman. Pour un instant, j'étais le Lecteur Modèle du Livre des Livres.

Ce bois narratif-là, j'aurais voulu ne plus jamais en sortir.

Mais la vie est cruelle, pour vous comme pour moi, et me voici devant vous.

Index des auteurs cités

TABLE

Achevé d'imprimer en mai 1996
sur presse CAMERON
dans les ateliers
de Bussière Camedan Imprimeries
à Saint-Amand-Montrond (Cher)
pour le compte des éditions Grasset
61, rue des Saints-Pères, 75006 Paris

N° d'Édition : 10045. N° d'Impression : 2820-4/344.
Dépôt légal : mai 1996.

Imprimé en France

ISBN 2-246-48721-8